Hansjörg Hemminger
Geister, Hexen, Halloween

Hansjörg Hemminger

Geister, Hexen, Halloween

*Esoterik und Okkultismus im Alltag
Ein Ratgeber für Eltern*

B|R|U|N|N|E|N
VERLAG GIESSEN · BASEL

1. Taschenbuchausgabe 2004

© 2002 Brunnen Verlag Gießen
www.brunnen-verlag.de
Umschlaggestaltung: Ralf Simon
Satz: DTP Brunnen
Herstellung: Ebner und Spiegel, Ulm
ISBN 3-7655-3779-9

Inhalt

Vorwort 7

1. Zur Einführung: Wer ist das Vorbild? 9
Jugend-Okkultismus und die Esoterik der Erwachsenen

2. Lebenshilfe und Lebenssinn vom Esoterik-Markt 22
Magie, Kommerz und Protest im modernen Okkultismus

3. Weder Mächte noch Gewalten ... 45
Okkultängste und die Zuversicht der Bibel

4. Geister, Hexen, Halloween 64
Jugendokkultismus zwischen Spiel, Kommerz und Verführung

5. Harry Potter und der „Herr der Ringe" 96
Der Boom der Fantasy-Literatur

6. Warum Magie 122
Okkultismus als pädagogische Herausforderung

Anhang
Glossar 129
Literaturhinweise 139
Weitere Materialien 141

Was vorab zu sagen wäre

Denen, die sich überlegen, ob sie dieses Buch kaufen möchten, soll gleich zu Anfang gesagt werden, was sie erwartet. Was man mit Recht erwarten sollte, weil ich es als Autor von mir selbst erwarte, ist ein hilfreicher Praxisbezug.

In diesem Buch geht es also weder um Wissen über den Okkultismus in der Jugend noch um esoterische Praktiken als Selbstzweck, so interessant diese Dinge auch sein mögen. Es geht darum, Informationen zu vermitteln. Den Leserinnen und Lesern soll dabei geholfen werden, in richtiger Weise aus ihrer christlichen Verantwortung heraus besser mit pubertierenden Mädchen umzugehen, die sich selbst für Hexen halten und in ein gutes Gespräch mit Oberstufenschülern zu kommen, die sich für Voodoo interessieren. Es geht darum, im Elternbeirat der Schule eine sinnvolle Diskussion über die Harry-Potter-Bücher führen zu können oder die Frage zu klären, ob der Tausch von Pokémon-Karten in der großen Pause gestattet werden soll oder nicht. Sie können diese Beispiele selbst beliebig vermehren. Wenn das Buch Ihnen hilft, solche Alltagssituationen besser zu verstehen und mit ihnen richtig umzugehen, hat es seinen Zweck erfüllt.

Zwei Dinge werden Sie als Leserin oder als Leser in diesem Buch nicht finden:

Erstens wird in diesem Buch keine weltumspannende Verschwörung Satans aufgedeckt, der versucht, die Menschheit zum Okkultismus zu verführen, um sie in seine finstere Gewalt zu bringen. Vielmehr teile ich die Sichtweise der Bibel, dass die Menschheit in allen Bereichen des Lebens bereits im Bösen gefangen ist oder, in der Sprache des Römerbriefs, dass „ihr unverständiges Herz verfinstert ist". Eine besondere Verschwörung, die den Menschen okkulte Tricks beibringt, braucht es dazu leider nicht.

Daher wird in diesem Buch der um sich greifende Okkultismus unter Jugendlichen und unter Erwachsenen vor allem als Teil ihres Menschseins in dieser Zeit verhandelt werden. Weniger wird der Versuch angesprochen, in einem modernen Alltagsleben angeblich jenseitige Geheimnisse aufzudecken und sie magisch für die eigenen Absichten auszunutzen. Wie man mit dieser Bewegung in der Familie und in der christlichen Jugendarbeit richtig umgeht, wird aus einer nüchternen pädagogischen, seelsorgerlichen und theologischen Perspektive zu besprechen sein.

Wenn Sie also Material suchen, um vor den Gefahren okkulter Belastung zu warnen, und praktische Anleitungen, um okkult Belastete von dämonischen Bindungen zu befreien, ist dieses Buch nichts für Sie. Von dämonischen Bindungen wird man befreit, indem man sich an Jesus Christus hält. Das Buch, das uns diese wichtigste aller guten Nachrichten mitteilt, wurde bereits geschrieben, nämlich die Bibel.

Zweitens werden Sie in diesem Buch keine besondere Sympathie mit der Esoterik-Bewegung finden, und schon gar keine Anleitung dazu, wie Sie als Christin oder als Christ gefahrlos und mit gutem Gewissen pendeln, Schutzengel befragen und Bachblüten-Essenzen herstellen können. Dass es so etwas wie ein esoterisches Christentum in unseren Kirchen und Gemeinden gibt, ist für mich ein Grund zur Aufklärung und zur Auseinandersetzung, aber keineswegs zur (wenn auch noch so verhaltenen) Zustimmung.

Bei allem Verständnis für Lebensnöte und Lebensängste kranker und problembeladener Menschen: Der Geist des Okkultismus ist ein anderer als der des christlichen Glaubens, und die christliche Hoffnung ist eine andere als die esoterische Sehnsucht nach Erleuchtung.

Ich bin als Autor weder bereit, meine christliche Freiheit, noch meine wissenschaftliche Vernunft an der Garderobe abzugeben, wenn ich es mit Pendeln und Pyramiden zu tun bekomme. Die kritische Vernunft der Wissenschaft ist ein mühsam erstrittenes Gut und eine wertvolle Gabe unserer abendländischen christlichen Kultur, so oft Wissenschaft und Glaube auch im Streit gelegen haben mögen. Daher wird in diesem Buch der richtige Umgang mit dem Okkultismus auch aus einer kritischen wissenschaftlichen Perspektive zu besprechen sein.

1

Zur Einführung: Wer ist das Vorbild

Jugend-Okkultismus und die Esoterik der Erwachsenen

Ein Schreck in der Turnhalle

„Wir hatten eine Freistunde, und da machten vier Jungs aus unserer Clique in der leeren Turnhalle Gläserrücken. Einer hatte die ausgeschnittenen Buchstaben und die Zahlen dabei, das Glas holten wir aus der Schulküche. Die richtige Beschwörungsformel wusste auch jemand. Es hat funktioniert, wirklich! Wir hatten alle unsere Fingerspitzen auf dem Glas, und es bewegte sich von selbst. Es war ganz toll, aber auch unheimlich. Dann sagte einer: ‚Geist, melde dich!' In diesem Moment gab es hinten, wo die Turngeräte stehen, einen lauten Knall. Da war niemand, der Knall kam von dem Geist! Wir erschraken und rannten davon. Die Sachen ließen wir vor lauter Schreck in der Turnhalle. Wir machen das nie wieder, das ist uns zu gefährlich."

Dieses Erlebnis berichteten die Jungen einer neunten Hauptschulklasse, als ich bei ihnen eine Stunde über Okkultismus hielt. Sie waren fest davon überzeugt, es wirklich mit einem Geist zu tun gehabt zu haben. Eine andere Deutung ihres Erlebnisses zogen sie nicht einmal in Erwägung. Ihre Erfahrung war viel zu eindrücklich gewesen – allerdings auch die Angst. Dieses Quartett wird wohl künftig die Finger vom Geisterbeschwören lassen. Aber wer weiß schon im Voraus, welche Folgen der feste Geisterglaube, der durch diese Erfahrung entstand, im späteren Leben dieser Vierzehnjährigen einmal haben wird?

Wenn man von Jugendokkultismus spricht, denkt man zuerst an

solche und ähnliche Praktiken: Dreizehnjährige Mädchen pendeln aus, ob der süße Junge aus der 8a der richtige Freund für sie wäre. Dafür müssen sie sich ein Foto des Jungen besorgen. Ein (angebliches) siderisches Pendel liefert ihnen zum Beispiel die im November 2001 erschienene Sondernummer „Mystery" der Zeitschrift „Mädchen". Kreist das Pendel im Uhrzeigersinn über dem Foto, bedeutet das „ja". Kreist es gegen den Uhrzeigersinn, bedeutet es „nein". Wir können davon ausgehen, dass Letzteres selten der Fall sein wird, falls der Junge aus der 8a wirklich so süß ist.

Eine Anleitung finden die Kinder in dem sorgfältig auf sie zugeschnittenen, trivialen „magischen" Zeitschriftenangebot. Früher war das in der Regel „Bravo", neu ist die Mädchenzeitschrift „Witch" aus dem Ehapa-Verlag.

Gymnasiastinnen der Oberstufe sind über solche pubertäre Anwandlungen hinweg, sie legen Tarot-Karten, um etwas über ihre Aussichten bei der nächsten Mathe-Klausur zu erfahren. Ein Buddha-Bändchen kaufen aber auch sie sich noch und tragen es am Handgelenk, um das Glück anzuziehen. Ein Junge, der von der Zurückweisung einer Klassenkameradin tief getroffen ist, steckt vielleicht Nadeln in eine (angebliche) Voodoo-Puppe, um es ihr heimzuzahlen. Dafür muss er lediglich ein Haar der vergeblich Angebeteten auftreiben und in die Puppe einarbeiten. Eine professionelle Magierin, die einen Liebeszauber wirkt, kann er sich nicht leisten – das bleibt Erwachsenen vorbehalten.

Jugend-Okkultismus im engeren Sinn ist im Wesentlichen Do-it-yourself-Okkultismus.

Jugend-Okkultismus im engeren Sinn ist im Wesentlichen Do-it-yourself-Okkultismus. Er unterscheidet sich sonst aber nicht grundsätzlich von den Okkultpraktiken des Esoterik-Markts für die zahlende, erwachsene Kundschaft. Vielleicht kann sich das moderne, taschengeldbewusste Girl außer dem billigen Buddha-Bändchen noch einen angeblichen indianischen „dreamcatcher" aus dem Versandhandel leisten. Über dem Bett aufgehängt, lässt die Konstruktion aus Netz und Federn nur die guten Träume passieren, die bösen bleiben in dem Netz hängen. Praktisch, aber auch kostspielig...

Allerdings haben viele Kids einen schnellen und billigen Zugang zur Esoterik, mit dem manche Erwachsenen sich schwer

Wer ist das Vorbild?

tun: das Internet. Das WorldWideWeb ist voll von Literaturangeboten, Musikangeboten und praktischen Anleitungen zum Zaubern, Hexen, Pendeln, zum Geisterbeschwören und mehr. Erfahrungsberichte sind massenweise abrufbar, besonders wenn man einigermaßen Englisch kann. Viele Produkte wie Pendel, „dreamcatcher" oder Tarot-Karten sind über das Internet viel billiger zu beziehen als anderswo. Esoterische Zirkel und Hexen-Covent bieten Kontakte an und breiten ihre Glaubensgrundsätze im Netz aus. Die Zeiten, in denen es für Jugendliche schwierig war, an Okkult-Informationen zu kommen, sind vorbei. Zahlreiche Umfragen bestätigen das Interesse der Jugendlichen am Okkultismus.

> *Viele Jugendliche haben einen schnellen und billigen Zugang zur Esoterik, mit dem manche Erwachsenen sich schwer tun: das Internet. Das WorldWide-Web ist voll von Literaturangeboten, Musikangeboten und praktischen Anleitungen zum Zaubern, Hexen, Pendeln, zum Geisterbeschwören und mehr.*

Typisch sind immer noch die Ergebnisse, die bei der Befragung von 2.200 Schülerinnen und Schülern in Berlin im Sommer 1989 offenbar wurden. Die von Professor Hartmut Zinser durchgeführte Erhebung (veröffentlicht im Materialdienst der Evangelischen Zentralstelle für Weltanschauungsfragen 7/90 und 10/90) ergab Folgendes:

→ 25 % der Jugendlichen nahmen aktiv oder passiv an Okkulthandlungen teil;
→ 75 % der Jugendlichen sind über Okkultpraktiken informiert;
→ Nur 15 % Jungen sind okkult aktiv, dagegen 30 % Mädchen;
→ 18 % haben schon gependelt;
→ 15 % haben Karten gelegt;
→ 12,5 % haben Gläserrücken versucht;
→ 2,7 % haben sich am automatischen Schreiben probiert;
→ 2,4 % nahmen an so genannten „Schwarzen Messen" teil.

Neuere Untersuchungen belegen, dass sich diese Zahlen seit ca. 10 Jahren wenig ändern, und zwar unabhängig davon, ob man die Erhebung in Österreich oder Deutschland, in Ost oder West durchführt. Einzig die Zahl der Okkultismus Praktizierenden veränderte sich – und zwar in Richtung 30%. Gut zwei Drittel der Jugendlichen weiß vielleicht etwas über okkulte Praktiken, interessiert sich aber nicht wirklich dafür. Beim knappen letzten Drittel ist das anders, wobei die Mädchen in diesem Bereich weit überwiegen. So ist die Lage, auf sie haben wir uns einzustellen.

Pokémon und Harry Potter

Mit dem Begriff Okkultismus verbinden sich auch Phänomene aus der Lebenswelt unserer Kinder und Jugendlichen, die auf den ersten Blick nichts mit Hexen, Voodoo, Pendeln und Tarot zu tun haben.

Da sind es vor allem die Fantasy-Literatur und Fantasy-Serien im Fernsehen, die einen Boom erleben, und in denen kräftig gezaubert wird. In dem japanischen Anime (animierter Comic-Strip) „Sailor Moon" verwandeln sich Schulmädchen in mächtige Zauberinnen, die im ewigen Kampf zwischen Gut und Böse auf der Seite des Guten stehen. Die niedliche, großäugige und langbeinige Usagi Tsukino mit dem Spitznamen Bunny verkörpert so offensichtlich das pubertäre Ich-Ideal der elf- bis dreizehnjährigen Zuschauerinnen, dass man nach anderen Erklärungen für den Erfolg der Serie nicht zu suchen braucht. Die „Sailor-Kriegerinnen" wurden zu Recht deshalb als „Esoterik-Barbies" charakterisiert.

Die Magie ist nicht das Einzige in der Serie, das an Esoterik erinnert. In den Filmen und Comics spielt die Idee der Wiedergeburt eine große Rolle: Sailor Moon selbst ist die reinkarnierte Mondprinzessin Serenity, die für das gute Königreich des Mondes steht. Insofern transportiert sie religiöse Ideen der Esoterik in einer sehr simplen Form zu den Jugendlichen.

Die zahlreichen Hexen- und Zauberserien, in denen amerikanische Vorstadtgören sich im Fernsehen als mächtige Hexen entpuppen, bieten eine real verfilmte Form derselben Geschichten und derselben pubertären Tagträume wie „Sailor Moon". In einem anderen Anime geht es weniger religiös, dafür ebenso magisch zu: Dort tragen die Pokémon, kleine zauberkräftige Monster, Gladiatorenkämpfe für ihre kindlichen Besitzer aus. (Das Wort leitet sich von einer japanischen Abkürzung für „pocket monster" ab.) Das faszinierte Publikum ist vermutlich

Wer ist das Vorbild? 13

jünger als das von „Sailor Moon", es reicht bis zum ersten Grundschulalter. Die Pokémon kämpfen nicht nur im Fernsehen, sondern auch in Form von Karten auf dem Schulhof. Um gute Pokémon-Karten zu bekommen wird nicht nur getauscht, sondern gestritten, geklaut und gelegentlich sogar erpresst. Nicht wenige Familien und Schulen mussten sich mit der Frage befassen, wie mit der Pokémon-Manie der Kinder richtig umgegangen werden soll.

Wieder eine andere Form magischer Fantasien bieten die unzähligen Computerspiele, meist Rollenspiele und so genannte Adventures. Die Spielfiguren sind Magier, Hexen und Druiden, deren Zaubersprüche mächtige Waffen sind. „Might and Magic", „Diablo", und „Baldur's Gate" sind besonders bekannte Beispiele für dieses Genre. In dem Simulations-Spiel „Black and White" kann man sogar eine lokale Gottheit werden, die sich zu ihrer Verehrung eine gläubige Anhängerschaft heranzüchtet.

Auf wesentlich höherem literarischen Niveau sind die fünf bisher publizierten Jugendbücher über den Zauberlehrling Harry Potter angesiedelt. Sie waren ein Riesenerfolg und zogen, wie immer im Erfolgsfall, eine Flut von „merchandising" nach sich. Die Verfilmungen der Bücher setzten diese Erfolgsgeschichte fort.

Das ebenfalls überaus erfolgreiche, in drei Teilen verfilmte Epos „Der Herr der Ringe" wird wie die Harry-Potter-Filme von unzähligen Kindern (trotz der offiziellen Freigabe ab 12 Jahren) und Jugendlichen gesehen, auch wenn das zugrunde liegende Buch von J.R.R.Tolkien, schon ein halbes Jahrhundert alt, ganz und gar kein Jugendbuch ist.

Alle diese Medienprodukte vom hochrangigen literarischen Epos über das technisch aufwändige Rollenspiel bis zum trivialen japanischen Manga (schwarz und weiß gezeichnetes Comic-Buch), kann man als Fantasy zusammenfassen. Man könnte auch von modernen Märchen sprechen, wenn man dieses Wort nicht auf die literarischen Gattungen des Volks- und Kunstmärchens beschränken will.

Fantasy und moderne Märchen haben, wie gesagt, mit Okkultismus im engeren Sinn wenig zu tun. Sie werden jedoch von christlicher und von politisch konservativer Seite verdächtigt, bei Kindern und Jugendlichen der Neigung zum Okkultismus Vorschub zu leisten oder gar Propaganda für ein okkultes Weltbild zu sein. Diese Frage wird zu prüfen sein: Sind die Pokémon, Sailor Moon, die Harry-Potter Bücher oder gar „Der Herr der Ringe" eine wirksame Werbung für ein esoterisches Weltbild, für magisches Problemlösen im Alltag und damit für den Okkultismus? Wie steht es mit den „magischen" Computerspielen? Sind die vielen fantastischen Produkte einer globalen Spaß- und Spielervermarktung in den Medien tatsächlich Anzeichen dafür, dass die seit ca. 1985 rollende New-Age- und Esoterik-Welle die Jugendkultur erreicht hat? Bringen sie eine Generation von magiegläubigen Menschen hervor, die sowohl für die aufgeklärte Vernunft, als auch für den christlichen Glauben verloren sind?

Fantasy und moderne Märchen haben mit Okkultismus im engeren Sinn wenig zu tun. Sie werden jedoch von mancher Seite verdächtigt, bei Kindern und Jugendlichen der Neigung zum Okkultismus Vorschub zu leisten oder gar Propaganda für ein okkultes Weltbild zu sein.

Viele Lehrer, Eltern und Mitarbeiterinnen in der christlichen Jugendarbeit stellen sich solche Fragen. In späteren Kapiteln werden wir uns um tragfähige Antworten bemühen. Allerdings wird das Gebiet der Fantasy so lange zurückgestellt werden, bis der Okkultismus im engeren Sinn dargestellt und – so weit möglich – analysiert wurde. Manche Warnungen, die Harry Potter und die Pokémon für gefährlich erklären, sind deswegen peinlich, weil sie von vornherein falsche Vorstellungen vom Okkultismus unter Kindern und Jugendlichen vermitteln, und nebenbei noch an den Gesetzmäßigkeiten der kindlichen Entwicklung vorbeireden. Bei den Jugendlichen selbst kann man als Nichtswisser und Schwaller schon gar nicht landen.

Ein noch recht harmloses Beispiel für solche eher peinlichen Warnungen war die Äußerung des CSU-Bundestagsabgeordneten Benno Zierer gegenüber der Bildzeitung zum Start von „Der Stein der Weisen". Zierer meinte, der im Kino ab sechs Jahren zugelassene Harry-Potter-Film verführe die kleinen Kinder zum Okkultismus. Er solle nicht gezeigt werden, bis die Auswirkungen in anderen Ländern bekannt seien. Wenn er gesagt haben sollte, was Bild schreibt, muss man allerdings schließen, dass er nichts von sechsjährigen Kindern versteht: „Sie sind religiös nicht gefestigt und glauben alles, was sie sehen."

Wer ist das Vorbild?

Wirklich? Man gehe in eine Grundschulklasse und spiele dort mit den Kindern Indianer, Astronaut oder irgend ein anderes für dieses Alter typische Rollenspiel. Schnell wird man merken, wie gut die Kinder zwischen Fantasie und Realität trennen können. Hat man Herrn Zierer als Kind nie Grimms Märchen vorgelesen? Hat er mit sechs Jahren geglaubt, dass es magische Quellen gibt, die kleine Buben in ein Reh verwandeln? Und falls er es geglaubt hat, was unwahrscheinlich ist, hat er es drei Jahre später immer noch geglaubt?

Sechsjährige glauben keineswegs alles, sondern das, was vertraute Bezugspersonen ihnen sagen. Ein Sechsjähriger fragt: „Gibt es das wirklich?"

Wenn der vorlesende Papa „Nein" sagt, akzeptiert er das, aber das Märchen verliert nichts von seinem Reiz.

Warum fragen kleine Kinder den Erwachsenen Löcher in den Bauch? Natürlich weil sie im Vertrauen auf die Großen ihre eigene Weltsicht zusammenbasteln. Darum ist ein sechsjähriges Kind in einer christlichen Familie religiös wahrscheinlich wesentlich gefestigter (um diesen missverständlichen Ausdruck zu verwenden) als ein dreizehnjähriges Mädchen. Bei ihr ist es nicht mehr so einfach. Sie will sich ohne – und oft

Manche Warnungen, die Harry Potter und die Pokémon für gefährlich erklären, sind deswegen peinlich, weil sie von vornherein falsche Vorstellungen vom Okkultismus unter Kindern und Jugendlichen vermitteln, und nebenbei noch an den Gesetzmäßigkeiten der kindlichen Entwicklung vorbeireden.

auch gegen – die Familie ein eigenes Bild von der Wirklichkeit machen. Das macht sie offen für Einflüsse von außen, für die Clique, für die Miterzieher in den Medien usw. Unsere Zwölfjährigen und unsere Konfirmanden sind in der Regel am Experimentieren und auf der Suche. Das muss auch so sein. Nichts für ungut, Herr Zierer: Die Sechsjährigen sind nicht das Problem, solange sie erwachsene Ansprechpartner haben. Wenn sie die nicht haben, was leider oft der Fall ist, gibt es in der Tat ein Problem – aber das heißt nicht Harry Potter. Pädagogische Probleme mit Okkultismus und Fantasy-Konsum häufen sich in den Altersgruppen, die sowieso in jeden Film hineinkommen und die im Internet jede Information finden, die sie haben wollen.

Es gibt allerdings auch christliche Antworten auf den Okkultismus (oder was man dafür hält), die mehr als nur peinlich sind. Sie sind gefährlich.

„Im US-Bundesstaat New Mexiko warfen christliche Fundamentalisten Harry-Potter-Bücher auf den Scheiterhaufen", meldete der „Spiegel" in seiner Ausgabe vom 31.12. 2001.

„Mehrere hundert christliche Fundamentalisten trafen sich am Sonntag in der Kleinstadt Alamogordo im südlichen New Mexiko, um einer Predigt... des Priesters Jan Brock zu lauschen. Dessen biblischer Zorn galt vor allem einem Werk, dem Kinder-Bestseller Harry Potter. ‚Potter ist ein Teufel und er zerstört die Menschen', rief der Anführer der radikalen Christ Community Church seiner Gemeinde zu, während er einen Potter-Band in die Höhe hielt. ‚Hinter diesem unschuldigen Gesicht sitzt die Kraft satanischer Dunkelheit'. Er habe zwar keines der Potter-Bücher gelesen, gab Brock zu verstehen, dennoch habe er ihren Inhalt studiert. Der sei Hexenwerk, Satanszeug und Anleitung zur Zauberei. Anschließend warfen die Versammelten mehrere Dutzend Potter-Bücher auf einen Scheiterhaufen. Auch andere Werke... flogen in die Flammen, darunter Werke des Bestseller-Autors Steven King."

Für den „Spiegel" war die Meldung wichtig genug, sie zu drucken, weil damit wieder einmal das Spiegel-Dogma demonstriert werden konnte, dass christlicher Glaube gleichbedeutend ist mit Unvernunft und Unduldsamkeit. Nun ist anhand zahlreicher Textbeispiele zu belegen, dass der „Spiegel" eine überaus naive Vorstellung vom christlichen Glauben, von den Religionen im Allgemeinen und von der Religions- und Geistesgeschichte im Besonderen hat. Der Bücherzündler Jan Brock ist keineswegs so typisch für Christen oder für das Verhältnis von Religion und Literatur, wie Spiegel-Redakteure glauben mögen. Trotzdem trifft zu, dass wir in der einen oder anderen christlichen Gemeinde oder Kirche auch einen christlichen Anti-Okkultismus finden, der sehr problematische Formen annehmen kann.

Mandalas, Halloween und Grufties

Die Diskussion um den jugendlichen Okkultismus zieht über die Fantasy hinaus weitere Kreise. Aus nicht ohne weiteres einsichtigen Gründen werden zum Beispiel die so genannten Mandalas, mit denen in Kindergärten und Schulen gearbeitet wird, als eine Werbung für die Esoterik betrachtet. Dazu später mehr.

Auch das in den letzten Jahren aus den USA zu uns gekommene Fest „Halloween", das am Abend vor Allerheiligen gefeiert wird, gerät immer wieder in die christliche Kritik. Die Kritiker argumentieren ähnlich, wie früher (und zum Teil heute noch) gegen das einheimische Faschings-Brauchtum argumentiert wurde. Es handle sich bei Halloween um Riten heidnischer Herkunft, in denen die Götzenverehrung, und damit der Dienst an Dämonen, in christliche Zeiten überlebt habe. Wer als Christ an ihnen teilnehme, verrate dadurch seinen Glauben.

Diese Vorwürfe, die sich in meiner Jugend zum Beispiel gegen die allemannische Fasnet mit ihrem Hexen- und Masken-Mummenschanz richteten, richten sich heute in nahezu identischer Form gegen Halloween, allerdings (anders als früher) unter dem Oberbegriff des Okkultismus. Auch darüber wird zu sprechen sein.

Auf den immer populärer werdenden Halloween-Parties begegnet man auch den Grufties, ein anderer Name für die so genannten Gothics oder Darkwavers. So bezeichnet werden Jugendliche und jungen Erwachsene, die melancholisch mit Nacht, Tod und Geisterwelten flirten, und die einer düsteren, horrorverliebten Variante der Esoterik an- oder nachhängen.

Ein damit verbundenes, schwieriges Thema ist die Verbindung von Okkultismus, Satanismus und jugendlicher Musikkultur. Zum Teil nimmt diese Verbindung finstere Formen an. Der Pop-Star Marylin Manson (alias Brian Warner) hat Erfolg, indem er gekonnt mit Ekel- und Horror-Effekten spielt und sich als Tabu-Brecher und Gewaltverehrer profiliert. Dass der Pop-Schocker von dem inzwischen verstorbenen Alt-Satanisten LaVey persönlich zum Priester vierten Grades der „First Church of Satan" geweiht wurde, wissen die meisten seiner Fans nicht. Trotzdem sind nicht alle Jugendlichen, die sich schwarz kleiden, blass schminken und satanismus-lastigen Pop und Rock hören, auf dem Weg zum

Satanismus. Manche führt eine vorübergehende Protesthaltung in die „schwarze Szene", für den Satanismus interessieren sie sich nicht. Aber es gibt den Jugend-Satanismus, es gibt das bedrückende, abstoßende und hochgefährliche Feld jugendlicher Satansverehrung.

Mehreren Umfragen zufolge hatten zwischen 1 und 3% der Jugendlichen, je nach sozialer Schicht und Gegend, schon aktive oder passive Berührungen mit dem Satanismus. Die Zahl der festen Mitglieder satanistischer Gruppen und die Privatsatanisten (so nennen Fachleute die Einzelgänger) ist sicher viel geringer, aber beim Satanismus bedeutet eine geringe Zahl keine Entwarnung. Die Zerstörungen in den Seelen und im Leben der Betroffenen sind zu weit reichend und zu schrecklich, als dass man über die Zugänge der schwarzen Szene zum Satanskult schnell hinweggehen könnte. Wir werden daher in Kapitel 4 einen genaueren Blick auf diese Szene werfen.

Allerdings steht die schwarze Szene nur in losem Zusammenhang mit dem alltäglichen Jugendokkultismus, der sich zwischen Pendeln, Halloween-Parties und Girlie-Hexereien bewegt.

Dieses Buch wird sich vor allem mit der Frage befassen, wie in Schule und Unterricht, in den Massenmedien und in der Jugendarbeit mit den magischen Mädchen-Magazinen, mit Halloween und mit den Angeboten der literarischen und verfilmten Fantasy umgegangen werden soll. Wie soll in der Familie darauf reagiert werden? Was soll die Schule tun? Immerhin ist unser Bildungssystem – stillschweigend oder ausdrücklich – zwei großen Traditionen unserer Geistesgeschichte verpflichtet, die beide den Okkultismus verwerfen: dem christlichen Glauben und der wissenschaftlichen Aufklärung. Diese Traditionen stehen in Spannung zueinander, aber sie sind enger verbunden, als manche Christen (und manche aufgeklärte Atheisten, ebenso manche Spiegel-Redakteure) es wahrhaben wollen.

Die schwarze Szene steht nur in losem Zusammenhang mit dem alltäglichen Jugendokkultismus, der sich zwischen Pendeln, Halloween-Parties und Girlie-Hexereien bewegt.

Ihre Verbundenheit zeigt sich zum Beispiel darin, dass sie sich in der Kritik am Aberglauben und am Okkultismus seit Jahrhun-

Wer ist das Vorbild?

derten einig sind. Sie zeigt sich vielleicht noch mehr darin, dass der moderne Okkultismus vom 19. Jahrhundert an bis heute stets beide Traditionen als seine Gegner betrachtete. Als Christen werden wir uns die Naivität unserer führenden Magazin- und Meinungsmacher nicht leisten wollen, sondern wir werden über die geschichtliche Herkunft des modernen Okkultismus und sein gegenwärtiges Erscheinungsbild nachdenken, so weit es der beschränkte Raum eines Sachbuchs zulässt. Dazu gehört zuerst ein Blick auf den Esoterik-Markt für Erwachsene, denn der Jugend-Okkultismus leitet sich vom Okkultismus für Erwachsene ab und lebt von dessen Angeboten. Die Alten machen es vor, die Jungen machen es nach. So ungern profilbewusste Jugendliche das hören, es ist so – nicht nur in der Esoterik, sondern überall. Dass Jugendliche den Dingen, die sie übernehmen, eine jugendspezifische Färbung verleihen, weil sie andere Beweggründe haben als Erwachsene, stimmt allerdings auch. Sie sind naiver, sie sind neugieriger, sie legen mehr Wert auf das Experimentieren und Erkunden, und natürlich geht es ihnen darum, die Erwachsenenwelt zu provozieren und die Grenzen des Erlaubten auszutesten. Das ist im Prinzip normal. Solange Lehrkräfte und kirchliche Mitarbeiter im Viereck springen, wenn Jugendliche Gläserrücken spielen, werden die sich dabei wichtig vorkommen und versucht sein, es wieder zu tun; zumindest solange die Geister ihnen nicht zu nahe kommen – wie jenen Hauptschülern in der Sporthalle. Der Jugend-Okkultismus lebt also nicht nur von der Esoterik-Bewegung, sondern auch von der oft unüberlegten und uninformierten Okkultangst der Erwachsenen, die diese Bewegung ablehnen. Daher wird bereits schon ein erster Schritt zur Vorbeugung getan, wenn die kritisch eingestellten Bezugspersonen der okkult interessierten Jugendlichen in Familie und Gemeinde sich informieren. Im Fall eines Falles können sie dann möglichst nüchtern und sachlich reagieren und ihre Warnungen nicht als Ausbrüche blinder Angst, sondern als Argumente vermitteln.

> *Solange Lehrkräfte und kirchliche Mitarbeiter im Viereck springen, wenn Jugendliche Gläserrücken spielen, werden die sich dabei wichtig vorkommen und versucht sein, es wieder zu tun; zumindest solange die Geister ihnen nicht zu nahe kommen.*

Aber was ist, wenn man mit Jugendlichen zu tun hat, deren erwachsene Bezugspersonen selbst zur Esoterik-Bewegung gehören? Diese Situation tritt bisher in der Schule und in Kirchengemeinden eher selten auf, aber sie wird häufiger. Denn wenn man davon ausgeht, dass die New Age-Bewegung in Europa ab ca. 1980 wirksam wurde, und wenn man die Ausbreitung der Esoterik-Bewegung etwa 1985 beginnen lässt, ist leicht auszurechnen, dass im Unterricht und in der Jugendarbeit nun die Kinder von New Age-Anhängerinnen und Esoterikern der ersten Stunde auftauchen. Für diese Jugendliche gehört eine mehr oder weniger banale Gebrauchs-Esoterik zur Familienkultur. Die Mutter pendelt über Lebensmitteln, um herauszufinden, ob sie den Kindern gut tun, so wie andere Mütter die Inhaltsbeschreibung auf der Packung studieren. Wenn sie sich erkälten, erhalten sie Bachblüten-Tropfen anstatt Kamillentee. Zur Vorbeugung hängt man ihnen einen zu ihrem Tierkreiszeichen passenden Edelstein um den Hals, der auf der bloßen Haut getragen werden muss, und der die schädlichen Schwingungen in sich aufnimmt. Natürlich muss der Edelstein regelmäßig entgiftet werden, indem man ihn in klarem Quellwasser wäscht und danach in der Sonne auflädt. Das darf genauso wenig versäumt werden wie Vitamin- und Kalktabletten, die schnell wachsende Jugendliche zu schlucken haben.

Hat man Liebeskummer, zeigt einem die Tante, wie man aus den Tarot-Karten Antworten auf seine quälenden Fragen erhält. Schließlich legt jene Tante auch für sich selbst die Karten, vielleicht sogar zu einem ähnlichen Zweck.

Jugendliche, die so aufwachsen, haben keine Neigung, die Erwachsenen durch okkulte Praktiken zu provozieren – wie sollte das auch gehen? Wenn sie in eine pubertäre Protesthaltung verfallen, lehnen sie vielleicht sogar den Aberglauben der Eltern ab und lesen die Bibel.

Wer glaubt, diese Schilderung sei gutgläubig, täuscht sich – mir sind einige junge Menschen bekannt, die durch einen solch „umgekehrten" Protest gegen ihre esoterische Familienkultur zur christlichen Jugendarbeit kamen.

Auf der anderen Seite sind auch Lehrerinnen und Lehrer, sowie kirchliche Mitarbeiterinnen und Mitarbeiter solchen Jugendlichen gegenüber in einer anderen Situation als gegenüber

Wer ist das Vorbild?

Jugendlichen, die mit Gläserrücken auffallen wollen. Mit Okkultangst und Dämonenaustreibungen ist gegen den Edelstein um den Hals und das Pendel im Nachttisch, die aus der Sicht der Jugendlichen schon immer da waren, nichts zu machen. Jede Verteufelung dieser familiären Praktiken würde als eine Verteufelung der ganzen Familie verstanden. Außerdem haben diese Jugendlichen in ihrem bisherigen Leben die Erfahrung gemacht, dass man mit diesen esoterischen Praktiken, solange sie sich auf einem banalen, alltäglichen Niveau bewegen, durchaus leben kann, dass sie mehr oder weniger bedeutungslos sind, so wie für pubertierende Jugendliche viele Ideen der Erwachsenen bedeutungslos wirken.

Auch diese Jugendlichen sollten aus christlicher Sicht an eine bewusste Entscheidung gegen magischen Praktiken herangeführt werden. Aber es ist offenkundig, dass der Weg dahin anders aussehen muss als im Umgang mit dem so genannten Jugend-Okkultismus. Der konnte als eine besondere Problematik der Jugendkultur betrachtet werden. Für Jugendliche aus esoterisch gestimmten Familien ist der Okkultismus dagegen vertraute Hauptkultur. Will man sich mit ihnen verständigen, muss man genug wissen, um die Esoterik-Bewegung nach ihrem Erscheinungsbild und ihrer Herkunft einordnen zu können. Dem wird das nächste Kapitel dienen.

> *Für Jugendliche aus esoterisch gestimmten Familien ist der Okkultismus dagegen vertraute Hauptkultur. Will man sich mit ihnen verständigen, muss man genug wissen, um die Esoterik-Bewegung nach ihrem Erscheinungsbild und ihrer Herkunft einordnen zu können.*

2

Lebenshilfe und Lebenssinn vom Esoterik-Markt

Magie, Kommerz und Protest im modernen Okkultismus

Die Esoterik-Bewegung und die Erlebnis-Gesellschaft

Am 14. März 2000 versuchte der gealterte Schlagersänger Christian Anders („Es fährt ein Zug nach nirgendwo...") nach 15 Jahren Bühnenpause ein Comeback. Seine esoterischen Gesänge um Liebe und Frieden wurden jedoch vom Publikum mit Buhrufen begleitet. Seine Anregung, im Saal eine Meditationspause einzulegen, ging im Gelächter der Besucher unter.

Als esoterischer Guru „Lanoo" lebte Anders die letzten 15 Jahre in Los Angeles. Dort hatte niemand gebuht, wenn er im weißen Engelsgewand vor seine Anhängerschaft trat und sie zur Meditation auf Liebe, Frieden und gute Verdauung anleitete. Esoterik hat also keineswegs immer Erfolg, sondern nur, wenn sie richtig vermarktet wird. Auf der anderen Seite kommt man nicht aus dem Staunen heraus, was alles Erfolg haben kann.

In schwarzen Netzstrümpfen ließ sich eine Prophetin der gegenwärtigen Inkarnation Gottes oder Vishnus (so genau wird das nicht gesagt) namens Kalindi La Gourasana für ihre Anhängerschaft auf Hochglanz-Fotos ablichten. Ansonsten hatte sie nichts am Leib. Sie lässt ihr Hinterteil für einen Bildband abfotografieren und belehrt im Textteil die Leser darüber, dass die sichtbare Welt eine Illusion sei, die es zu durchschauen gilt. Die freizügige Dame aus San Diego hat in Deutschland inzwischen viele hundert Anhängerinnen und Anhänger, denen sie in Kursen zur Un-

Lebenshilfe und Lebenssinn vom Esoterik-Markt 23

sterblichkeit noch in dieser Existenz verhelfen will. Sie scheint mit ihrem Stil derzeit richtig zu liegen. Ihre Organisation namens „Miracle of Love" ist auf Esoterik-Messen landauf, landab präsent und denkt darüber nach, die Geschäfte in der Bundesrepublik wegen des Andrangs auszuweiten.

Weniger erotische Esoteriker machten allerdings auch schon schlechte Erfahrungen mit ihrer Botschaft. Arbeitslos wurde der frühere englische Fußball-Nationaltrainer Glen Hoddle. In einem Interview vertrat er die These, behinderte Menschen hätten sich ihr Schicksal durch eine karmische Schuld in früheren Reinkarnationen selbst zugezogen. Dem Aufschrei der Behinderten-Lobby hielt der englische Verband nicht stand. Warum eigentlich nicht? Die Sache mit dem guten und schlechten Karma, das wir angeblich in früheren Leben anhäuften, ist allgemeines esoterisches Dogma. Wo blieb das Grundrecht der Religionsfreiheit für Glen Hoddle, als man ihn wegen seines Glaubens feuerte? Dass Hoddles Nachfolger Kevin Keagan inzwischen selbst wieder wegen Erfolglosigkeit gehen musste, dürfte dem über sein karmisches Denken gestolperten Übungsleiter Hoddle ein geringer Trost sein.

Die Esoterik-Bewegung für Erwachsene präsentiert sich derzeit (anders als die New Age-Bewegung vor zwanzig Jahren) als ein unüberschaubares, wirres Gestrüpp von scheinbar nicht zueinander passenden Ideen und magischen Techniken. Da gibt es UFO-Sichtungen, Drahtpyramiden zur Entgiftung des biologischen Müslis, Komm-in-Kontakt-zu-deinem-Gefühl-Meditationen, Bäder im Heilstrom von Bruno Gröning, Botschaften von den aufgestiegenen Meistern und bei Vollmond gesammelte Kräuter. Die Esoterik-Bewegung ist voll von Aberglauben, unfreiwilliger Komik, Absurdität, Flachheit, unverschämt sich präsentierender Dummheit und maßloser Geldgier. Erst dann, wenn wir diese Niederungen mit offenen Augen durchquert haben, stellt sich nämlich die Frage mit ihrer ganzen Schärfe: Warum begeben sich intelligente und gebildete Menschen in reiferem Alter (der Schwerpunkt liegt zwischen 30 und 40) freiwillig in diesen Sumpf? Jugendliche Lust am Ausprobieren und Provozieren kann es in diesem Alter ja kaum mehr sein.

Die Antwort ist einfach: Neugierige und erlebnishungrige Zeitgenossen gibt es zwar auch, aber die meisten Kunden auf dem Esoterik-Markt werden (anders als viele Jugendliche) von Lebensnöten und Lebensängsten bedrängt. Solange über die spirituelle Suche des modernen Menschen an sich prahlerisch geredet wird, oder solange man alles unbesehen in einen christlichen Mülleimer namens „Okkultismus" kehrt, kommt der verzehrende innere Hunger, der ziellose, mühselige und beladene Leute auch noch nach jämmerlicher spiritueller Nahrung greifen lässt, überhaupt nicht in den Blick: Esoterik als Lebenshilfe für seelisch Angeschlagene, Esoterik als glitzerndes Erlebnis- und Glücksversprechen für Übersättigte, Esoterik als alternatives Betätigungsfeld für Modernisierungsverlierer und stellungslose, aber gut aussehende Diplom-Psychologen.

Dass sich hinter diesem kommerziellen (und schlimmeren) Getriebe menschliche Not verbirgt, ist offensichtlich. Dass sich dahinter auch Protest verbirgt, eine Sehnsucht nach einem Leben, das nicht ausschließlich von Technik und Ökonomie beherrscht wird, ist weniger offensichtlich. Trotzdem gibt es auf dem Esoterik-Markt auch diese untergründige Schicht des Leidens am modernen Leben. Esoterik-Kunden ziehen auch aus, um das Übernatürliche und das Jenseits, das Heile und das Ewige in der Öde des Diesseitigen und Vorläufigen zu suchen. Die Esoterik-Bewegung ist auch Protest-Bewegung, selbst wenn sie wie viele Protestbewegungen mangels tragfähiger Alternativen schnell dahin kommt, dass sie den Kräften verfällt, gegen die sie sich eigentlich wendet: Markt, Mammon, Macht.

Die meisten Kunden auf dem Esoterik-Markt werden (anders als viele Jugendliche) von Lebensnöten und Lebensängsten bedrängt.

In der Esoterik wird zwar auch etwas geglaubt – dazu an späterer Stelle mehr. Aber es wird viel mehr konsumiert und viel, viel mehr therapiert (oder gequacksalbert). Der Esoterik-Markt für Erwachsene ist untergründig Protest, vordergründig aber erst einmal ein Unternehmen zum Auffangen der negativen Folgen modernen Lebens. Egal ob es sich dabei um Sinnverlust (Wir bieten Instant-Erleuchtung.), enttäuschte Glückssehnsucht (Wir bieten tantrischen Sex für Unansehnliche und Beleibte.), Krankheit und Leid (Wir bieten THERAPIE mit Großbuchstaben.) handelt.

Um Religion im vollen Sinn geht es bei diesem Betrieb nicht, obwohl Elemente religiöser Suche gerade im Protest gegen das Diesseitige vorkommen. Das zeigt uns die Geschichte von Glen Hoddle und seinen Karma-Ideen. Offensichtlich sind zwar die humanen Grundsätze, auf die sich der Protest der Behindertenvertreter stützte, in unserer Kultur normative Wahrheiten, auf deren Geltung man sich mit Erfolg berufen kann – die Reinkarnations- und Karmavorstellungen der Esoteriker sind das jedoch nicht. Sie sind Heilmittel gegen moderne Sinnleere und Daseinsängste, Pillen, die man sich meist nur in seiner Freizeit gönnt, die man aber nicht öffentlich als Grundnahrungsmittel anpreist.

Glen Hoddle machte den Fehler, den jemand machen würde, der seinen Gästen auf einem offiziellen Empfang Hustentropfen und Viagra servieren ließe. Und der Schlager trällernde Christian Anders alias Lanoo erwischte für seinen Auftritt den falschen Trakt im Gebäude moderner Freizeitkultur.

In Praxen und Kursen, in Tagungshäusern im Elsass oder in esoterischen Kommunen auf dem flachen Land werden Astralreisen, spirituelles Atmen und Feuerlaufen für fußkranke Wohlstandsbürger mit allgemeiner Zustimmung verabreicht. Öffentliche Spektakel wie die ZDF-Hitparade, in der Christian Anders sein Comeback versuchte, sind kein guter Platz für Esoterik. Man sollte die Auftrittsorte nicht verwechseln! Gurus sitzen besser in ihrer Praxis und betreuen ihre Klienten. Auf der öffentlichen Bühne haben sie in unserer Kultur nichts verloren.

> *Die Esoterik-Bewegung als Ganze ist keine Religion, schon gar keine anerkannte und organisierte Religion, auch wenn sie für einzelne Menschen religiöse Funktionen übernimmt.*

Die Esoterik-Bewegung als Ganze ist also keine Religion, schon gar keine anerkannte und organisierte Religion, auch wenn sie für einzelne Menschen religiöse Funktionen übernimmt. Das Pathos der Utopie und der ideologische Biss, die noch die New-Age-Bewegung um 1985 auszeichneten, hat die heutige Esoterik nicht mehr. Sie lässt unsere weltliche, ökonomisch und technisch geprägte Hauptkultur mit all ihren Auswüchsen und Lastern unbehelligt. Sie hat kein kritisches Potenzial, keines der Veränderung und Erneuerung, keines der Besinnung und der Umkehr. Im Gegenteil, sie gibt sich hinein in jeden Auswuchs und jedes Bedürfnis: Geht es darum, Managern die Ellbogen für den Karrierekrieg zu spitzen? Esoterische Meditation ist gut dafür.

Geht es darum, mehr Geld zu verdienen als mein Nachbar? Die esoterischen Kräfte des Unterbewussten stehen zur Verfügung.

Religion im vollen Sinn ist aber viel mehr als Methode und Symptombehandlung, sie lässt sich nicht auf eine religiöse Szene beschränken, sie ist nicht konform mit allem was ist, sie drängt auf die Neugestaltung des Lebens hin. Wenn sie therapiert, geht es um den ganzen Menschen, nämlich um Heilung und Heil gleichermaßen. Darum sollte man weder vorschnell schließen, dass alle Kunden auf dem Esoterik-Markt widergöttlichen Kräften erlegen sind, noch sollte man vorschnell schließen (was in liberalen christlichen Kreisen gerne getan wird), dass sie offen für die Herausforderung und die Zumutung des Evangeliums sind, nur weil das Wort „Spiritualität" für sie positiv besetzt ist. In aller Regel sind sie es nicht.

Esoterisches und Okkultes in der Geschichte

Woher kommen die Ideen und Methoden der heutigen Esoterik-Bewegung? Auch das kann wichtig sein, um den Okkultismus der Erwachsenen wie der Jugendlichen besser zu verstehen.

Das Wort okkult leitet sich vom lateinischen „occultus" her, das „verborgen" bedeutet. Das zugehörige Verb „occulere" bedeutet „verbergen". Das Wort Esoterik stammt dagegen vom griechischen „esoterikós" ab und meint „nach innen gewandt", in einem übertragenen Sinn „zum inneren Kreis gehörig". Das Wort esoterisch bezeichnete also früher elitäres Geheim- und Sonderwissen wie bei den gnostischen Mysterienkulten der Antike, der klassischen Hermetik, der jüdischen Kabbala, der spätmittelalterlichen Alchimie und anderen magischen Systemen der damaligen Gelehrtenwelt.

Die vorwissenschaftlichen magischen Systeme waren jedoch nicht unbedingt im heutigen Sinn okkult, also verstecktes Geheimwissen abseitiger Zirkel. Sie bildeten vielmehr, wenigstens zu bestimmten Zeiten, mehr oder weniger anerkannte Wissens-

Lebenshilfe und Lebenssinn vom Esoterik-Markt

bestände, denen sich zum Beispiel die gebildete Welt von der Renaissance bis etwa um 1700 ernsthaft widmete.

Verworfen wurde damals von Seiten der christlichen Theologie (in einer Epoche, die als frühe Neuzeit bezeichnet wird) nicht das esoterische Wissen an sich, sondern die Magie, die sich böser Mächte bediente, um ihre Ziele zu erreichen. Man unterschied deshalb eine erlaubte natürliche Magie, eine „magia naturalis", von einer verbotenen bösen Magie, einer „magia daemoniaca". Erstere versuchte, die von Gott in die Schöpfung gelegten verborgenen Kräfte zum Wohl der Menschen zu nutzen und war im Grund eine Vorläuferin der modernen Wissenschaft. Sie galt nicht als Widerspruch zum christlichen Glauben, sondern als gottgefällige, nützliche Kunst.

Die Begriffe „weiße Magie" und „schwarze Magie", die bei Jugendlichen eine große Rolle spielen, kamen erst später auf und gehören eigentlich nicht zum Denken dieser immer noch vorwissenschaftlichen christlichen Kultur. Man ging allgemein davon aus, dass es in der Natur und im Kosmos verborgene Mächte und Kräfte gibt, die man sich mit den entsprechenden Kenntnissen nutzbar machen konnte. In einer anonymen Schrift von 1702 heißt es:

„Die wahrhaffte Magia ist eine Wissenschaft/welche die Krafft aller natürlichen und himmlischen Dinge durchgrübelt/und nach dem sie derselben mit einer genauen Nachsinnung durchkrochen/bringet sie die verborgenen hinterhaltenen vermögen also an den Tag..."

Interessant sind auch die sieben Formen erlaubter Magie, die dieser anonyme Autor aufführt, denn sie trifft man noch immer in der Esoterik-Bewegung an: Kabbala (Geheimwissen jüdischer Mystik), magia naturalis, Sympathie und Antipathie, Traumdeutung, Geomantie (Wahrsagen aus Erscheinungen der Erde), Physiognomik (Deutung menschlicher Gesichtszüge) und Chiromantie (Handlesen). Der Autor hätte auch noch die Astrologie anführen können, aber vielleicht betrachtete er die nicht als Geheimwissen, sondern als allgemein anerkannte Sternkunde.

Bis 1700 war die Magie also eine Sache für Gelehrte, nicht für das „ungebildete Volk", und schon gar nicht für die Jugend. Figuren der Geistesgeschichte wie Petrus von Abano, Paracelsus und Agrippa von Nettesheim (der meines Wissens 1510 als Erster das Adjektiv „okkult" für die Kunst der Magie benutzte) stehen für die Entwicklung von der mittelalterlichen Magie zur frühen Naturwissenschaft. Aus heutiger Sicht standen sie zwischen Wissenschaft und Zauberei, zwischen Weisheit und Quacksalberei. Das gilt ebenso für den in Knittlingen geborenen Magier Johann Faustus, der sowohl dem englischen Dramatiker Christopher Marlowe, als auch für Johann Wolfgang von Goethe die Vorlage für die bekannten Faust-Dramen lieferte.

Sogar Francis Bacon, der große Erkenntnistheoretiker des 16. und 17. Jahrhunderts, war keineswegs ein grundsätzlicher Gegner der Magie. Er distanzierte sich lediglich von ihr und bewies damit sein gutes Urteilsvermögen, weil sie nach seiner Erfahrung keine verlässlichen Ergebnisse produzierte.

Der Unterschied zwischen Wissenschaft und „natürlicher Magie" entstand erst nach Francis Bacons Epoche, als sich durch den Siegeszug der Wissenschaft allmählich sortierte, welche Vorstellungen wissenschaftlicher Vernunft standhalten und welche nicht.

Das Mittelalter urteilte in Sachen Magie strenger als die frühe Neuzeit. Jahrhunderte lang betrachtete man Magier und Hexen als abergläubische Leute, die heidnischen Natur- und Fruchtbarkeitsritualen anhingen. Man sah die Magie also im Prinzip als Überbleibsel der vorchristlichen Religionen an. Den Zauberern schrieb man im Volk Heil- und Schadenskräfte sowie Verwandlungsfähigkeit zu, was für die Kirche Aberglaube war. Der Universalgelehrte Albertus Magnus, der große Theologe Thomas von Aquin und der mystische Franziskaner Bonaventura verankerten im 13. Jahrhundert – bei aller Unterschiedlichkeit – gemeinsam die Überzeugung in der Kirche, dass jede magische Handlung ein sich Einlassen mit den Dämonen darstellt. Allerdings blieb es in der mittelalterlichen Theologie strittig, ob und inwieweit die Zauberei reale Effekte bewirken könne. Es gab weithin die Meinung, die Magie sei im Wesentlichen (vielleicht mit Ausnahme mancher Tränke und Salben) nur Illusion.

Der Kirche des Hochmittelalters erschien die Angst vor Hexerei und Magie jedoch in jedem Fall als Unglauben, weniger ein Grund für juristische Maßnahmen als für die Stärkung des Glaubens bei den Angefochtenen. Wer von Magie bedroht wurde, hatte sich an die Sakramente und an das Gebet zu halten. Dass diese Mittel stärker wären als die Macht der Dämonen, war selbst-

Lebenshilfe und Lebenssinn vom Esoterik-Markt 29

verständlich. Erst in Renaissance und früher Neuzeit gelang es der „natürlichen Magie", gegen das Votum der mittelalterlichen Theologen Anerkennung zu finden und als christlich akzeptable Erkenntnis verstanden zu werden. Die dämonische Magie wurde jedoch weiterhin – und nun umso mehr – gefürchtet, je mehr man an die Kraft der Magie glaubte.

Die bösen Magier und die Hexen versuchten nach der Überzeugung dieser Zeit, sich durch einen Pakt mit Dämonen deren Kräfte nutzbar zu machen. Der Magier lud dabei durch bestimmte Zeichen und Gegenstände die Dämonen ein, mit ihm Kontakt aufzunehmen.

Den Hexen wurde eine andere Art des Dämonenpakts zugeschrieben, nämlich eine pervertierte sexuelle Beziehung mit dem Satan. Auch sie sollte den Hexen angeblich magische Macht verleihen. In der frühen Neuzeit entstand im kulturellen Untergrund der Gesellschaft ein regelrechtes Kommunikationssystem aus Symbolen, Gebärden, Geheimworten und bestimmten Gegenständen, durch das man einen Pakt mit einem Dämon schließen konnte.

Die Vorstellung, dass so etwas möglich sei, beherrschte das Denken dieser Zeit und führte schließlich zu den unsagbaren Gräueln der Hexenverfolgung. Der Staatsterror, der aus diesem Irrglauben erwuchs, und den Gerichte und Inquisitoren gegen die eigene Bevölkerung richteten, forderte zwischen dem 15. und dem 18. Jahrhundert hunderttausende Opfer, knapp 80% davon Frauen. Mit der Überwindung des Hexenwahns erledigte sich auch der Magieglaube von selbst.

In der Aufklärungszeit nach 1700, vor allem aber im späten 18. und im 19. Jahrhundert, sanken daher die magischen und gnostischen Systeme der früheren Gelehrtenwelt unter dem Einfluss der Wissenschaft zum Volksaberglauben ab. Auch der Hexenglaube wurde nun als besonders grässliche Spielart des Aberglaubens entlarvt, übrigens einvernehmlich von gewissenhaften Theologen und aufgeklärten Juristen. Das frühere magische Gelehrtenwissen wurde von der rasant voranschreitenden Wissenschaft ersetzt und schließlich als Dummheit und Irrtum verächtlich gemacht. Es verschwand jedoch keineswegs, sondern wurde im Volk weitergepflegt, in populären „Zauberbüchern" publiziert und dafür aus dem Lateinischen in die jeweilige Volkssprache übertragen.

Das bekannteste und noch heute gebräuchliche Beispiel ist das „6. und 7. Buch Mosis", das es seit dem späten 18. Jahrhundert gibt. Diese Zauberbücher enthalten also keineswegs uraltes magisches Wissen, sondern sind ein Produkt geschäftstüchtiger Verleger der Neuzeit, die sich die Bestände volkstümlichen Aberglaubens zunutze machten. Sie wurden möglich, weil die meisten Menschen inzwischen lesen und schreiben konnten.

Eigentlich sind also die Zauberbücher, wie alle Volksbücher, ein unbeabsichtigtes Ergebnis der Reformation und der Aufklärung. Sie wurden auch dadurch möglich, dass die Behörden gegenüber diesem Volksaberglauben toleranter wurden. Die meisten heute noch bekannten Zauberbücher in deutscher Sprache wurden im weltanschaulich liberalen 19. Jahrhundert gedruckt. In früheren Jahrhunderten hätte die Feindschaft der Kirchen gegen jede Art von Magie die Publikation von Zauberbüchern für das einfache Volk verhindert. Dass diese relative Toleranz der Magie gegenüber und der fest verankerte Glaube an die Wirksamkeit von Magie auch in fanatische Verfolgung umschlagen konnte, beweist, wie schon erwähnt, der furchtbare Hexenwahn, der zur selben Zeit, als die ersten Zauberbücher erschienen, immer noch zum Justizmord an unschuldigen Frauen und Männern führte.

Im 18. und besonders im 19. Jahrhundert trat die inzwischen kulturell auf der ganzen Linie siegreiche Wissenschaft gegen die so genannten okkulten Wissenschaften an. Damit meinte man esoterische Systeme, in die neben der alten abendländischen Magie zunehmend in der Kolonialzeit zugänglich gewordene fernöstliche Ideen einflossen. Ab dieser Zeit wird der Begriff Okkultismus für magische Wissenssysteme und Praktiken, also in etwa in der heutigen Bedeutung benutzt.

Eine erste Blüte erlebte diese Gegenbewegung gegen die Wissenschaft mit den angeblich göttlich inspirierten Schriften Jakob Lorbers und mit der Jenseitsschau Emanuel Swedenborgs, die bis

> *Das bekannteste und noch heute gebräuchliche Beispiel für Zauberbücher ist das „6. und 7. Buch Mosis", das es seit dem späten 18. Jahrhundert gibt. Diese Zauberbücher enthalten also keineswegs uraltes magisches Wissen, sondern sind ein Produkt geschäftstüchtiger Verleger der Neuzeit, die sich die Bestände volkstümlichen Aberglaubens zunutze machten.*

heute in der sektiererischen Gemeinschaft „Neue Kirche" weiterlebt. Später entstanden die Systeme des Spiritismus, der Theosophie, das Rosenkreuzertum, das Neuheidentum, schließlich Anfang des 20. Jahrhunderts die Anthroposophie, die Gralsbewegung usw.

Die okkulten Ideensysteme des 19. und 20. Jahrhunderts wollten selbstverständlich nichts mehr mit dem volkstümlichen Aberglauben, mit dem Stellen von Horoskopen, dem Hellsehen und dem Lesen von Teeblättern zu tun haben. Sie betrachteten und betrachten sich als geistige Fortführung und Überhöhung der Wissenschaft, sie bilden noch heute eine Esoterik im engeren Sinn. Diese geistig anspruchsvolle System-Esoterik wird in neuheidnischen Gemeinschaften, spiritistischen Kirchen, theosophischen Gesellschaften, Templerorden und in den verschiedenen Schulen des Rosenkreuzertums gepflegt.

In der breiten Esoterik-Bewegung bilden diese „klassischen Esoteriker" eine kleine Minderheit. Auf die Jugendkultur haben sie (außer bei ihrem eigenen Nachwuchs, zum Beispiel in den anthroposophischen Waldorfschulen) keinen Einfluss. Wichtig ist für das Verständnis jedoch, dass der Okkultismus in seiner gegenwärtigen Gestalt erst im 19. Jahrhundert entstand. Vorher gab es diesen Begriff in der heutigen Bedeutung nicht, sondern lediglich das Adjektiv „okkult". Man sprach von Magie, magischen Systemen oder von Mysterien im Sinn eines Geheimwissens und später schlicht von Aberglaube. Der systematische, ausgearbeitete Okkultismus ist also ebenso wenig ein altes Phänomen wie Volksmagie und Zauberbücher. Er ist so modern wie die Wissenschaft. In gewissem Sinn bildet der neuzeitliche Okkultismus sogar die Kehrseite oder den Schatten der modernen Wissenschaft.

Der Begriff Okkultismus hatte im 19. Jahrhundert jedoch noch keine theologische Nebenbedeutung wie heute. Er war nicht mit einer christlichen Vorstellung verbunden, nach der es sich um widergöttlichen Dämonendienst handelt. Vielmehr wurde der Begriff für anti-wissenschaftliche Ideensysteme benutzt, die für sich in Anspruch nahmen, geheime, verborgene Aspekte der Wirklichkeit beschreiben und benutzen zu können. Für den Okkultismus-Forscher Carl Kiesewetter (1854-1895) waren okkulte Vorgänge von der Wissenschaft nicht anerkannte Erscheinungen des Natur- und Seelenlebens. Somit war für ihn der Okkultismus die Lehre von der Erforschung dieser Erscheinungen. Ein Okkultist war ein Gelehrter, der sich mit den wissenschaftlich bisher nicht erforschten Geheimnissen befasste. In der historischen und sozialwissenschaftlichen Fachliteratur wird der Begriff heute noch so oder ähnlich verstanden.

Die Gleichsetzung von „okkult" und „widergöttlich" kam erst in den letzten Jahrzehnten aus dem protestantischen Fundamentalismus der USA zu uns und wird nur in konservativen christlichen Kreisen verstanden. In vieler Hinsicht hat der Begriff „Okkultismus" in diesen christlichen Kreisen den Begriff „Aberglauben" abgelöst und bedeutet nahezu dasselbe. Allerdings kann man in gewissem Sinn davon sprechen, dass diese neue Vorstellung vom Okkultismus als Dämonendienst die Theologie von Thomas von Aquin und anderen hochmittelalterlichen Kirchenlehrern wieder aufleben lässt. Jedoch weitet sich heute der alte Gedanke des Dämonenpakts durch den früher unbekannten Begriff „okkulte Belastung" auch auf Praktiken aus, die man nicht im Sinn des Hochmittelalters (oder in irgendeinem anderen Sinn) als magisch bezeichnen kann.

In vieler Hinsicht hat der Begriff „Okkultismus" in christlichen Kreisen den Begriff „Aberglauben" abgelöst und bedeutet nahezu dasselbe.

Okkulte Belastung kann auch diejenigen treffen, die keinerlei Dienst am Bösen im Sinn haben, die sich keine dämonischen Kräfte zunutze machen wollen, sondern die ehrlich davon überzeugt sind, dass sie neutrale natürliche oder sogar gute, göttliche Kräfte nutzen.

Wenn die professionelle Engel-Seherin Alexa Kriele im Fernsehen bei der Talkshow von Alfred Biolek davon spricht, wie man durch sie Ratschläge von Schutzengeln erhalten kann, glaubt sie selbstverständlich nicht daran, es bei ihrer Begegnung mit angeblichen Engeln eigentlich mit Dämonen zu tun zu haben. Das glauben aber viele Christen, die deshalb sowohl Alexa Kriele selbst, als auch ihre Kundinnen und Kunden als „okkult belastet" betrachten.

Insofern handelt es sich bei der Ablehnung des Okkultismus heute um etwas anderes als bei der früheren Ablehnung der magia daemoniaca. Der böse Magier oder die Hexe mussten ihren

Teufelspakt willentlich schließen. Satan erhielt nur Macht über den Magier, weil der sie ihm vertraglich zubilligte. Demgegenüber tritt die okkulte Belastung – wie manche Christen sie sich heute vorstellen – quasi automatisch ein. Sie ist so etwas wie eine naturgesetzliche Folge okkulter Praktiken. Willen und Wissen der Praktizierenden spielen keine Rolle dabei.

Interessant wäre es nun, beide Vorstellungen, die alte Idee des Dämonenpakts und die neue Idee einer okkulten Belastung, am biblischen Modell zu prüfen. Wie reden die Bücher der Bibel von Zauberei, von jenseitigen, unsichtbaren Welten, von Satan und den Dämonen? Überrascht es uns, dass beide Vorstellungen von widergöttlicher Magie, sowohl der alte Dämonenpakt als auch die neue okkulte Belastung, weder dem Wortlaut noch dem Sinn nach in der Bibel vorkommen? Wie die biblischen Bücher das Verbot der Zauberei begründen, wird uns später noch beschäftigen.

Die heutige Esoterik-Bewegung

Seit den Siebzigerjahren des 20. Jahrhunderts wird für die Praktiken der New Age-Bewegung das Wort Esoterik benutzt. Dabei geht es der Esoterik-Bewegung nur noch zum geringsten Teil um die anspruchsvollen esoterischen Systeme wie Theosophie und Rosenkreuzertum. Als Esoterik gelten heute in der Umgangssprache alle Standpunkte bzw. Angebote, die sich als alternativ zu Wissenschaft und Schulmedizin verstehen, und die spirituelle Elemente umfassen. Der Okkultismus des 19. Jahrhunderts, so weit er noch präsent ist, und sogar der Spiritismus werden zwar der Esoterik zugerechnet, ebenso jedoch die abergläubischen Praktiken von der Edelsteintherapie über die Astrologie bis zum Legen von Tarot-Karten, die außerhalb dieser Systeme überdauerten und inzwischen wieder einen Boom erleben. Hinzu kommen westliche Formen fernöstlicher religiöser Ideen und Methoden wie zum Beispiel der aus der Yoga-Tradition stammende Tantrismus, wie die japanische Neureligion Reiki, wie I Ging und das Buch der Wandlungen und so weiter.

Die kommerzielle Esoterik macht entgegen dem eigentlichen Wortsinn „Geheimwissen" aller und jeder Art aus allen Kulturen rund um den Globus für die Lebenshilfe und für die Unterhaltung ihrer Kunden zugänglich. Weit über den abendländischen

Okkultismus hinaus werden dabei (oft missverstandene) hinduistische oder buddhistische Ideen und Methoden aufgenommen. Angebliche Praktiken von Naturreligionen werden angeboten, bei der Psychotherapie werden zahlreiche Anleihen gemacht usw. Dabei kann man zeitgeschichtlich mindestens drei „Generationen" unterscheiden, in denen diese bunte und unsystematische Esoterik-Bewegung sich formte.

➜ Die Hippie-Bewegung (Blumenkinder) der Sechzigerjahre
➜ Die New-Age-Bewegung der Siebziger- und Achtzigerjahre
➜ Die Esoterik-Bewegung des Bildungsbürgertums in den Neunzigerjahren

Letztere bestimmt heute noch die Szene, und die Jugendkultur bezieht ihre okkulten Elemente aus dieser markt- und mediengerechten Esoterik. Man kann die Esoterik-Bewegung auch als eine Ausweitung des Begriffs Therapie auf alle Lebensbereiche auffassen. Nicht nur Krankheiten, sondern auch alles Mögliche soll esoterisch therapiert werden: Vom überzogenen Konto über die schiefe Beziehungskiste bis zum mangelhaften Karrierefortschritt.

Hinter diesem generalisierten Therapiebegriff (wie Fachleute das Phänomen nennen) verbirgt sich nichts anderes als eine moderne Form magischen Denkens. Es muss, so meinen die Kunden des Esoterik-Markts, für jedes Lebensproblem Fachleute und Techniken geben, die man einsetzen kann. Da die seriöse Fachwelt das nicht zu bieten hat, sondern immer wieder ihre Unzuständigkeit erklären muss, wendet man sich an das okkulte Geheimwissen und an diejenigen, die behaupten, es verfügbar zu haben. Wenn man von einem Fachpsychologen verlangt, er möge dafür sorgen, dass man einen IQ von 150 statt des bisherigen mageren von 110 bekommt, wird der einem erklären müssen, dieser Wunsch sei nach bestem psychologischen Wissen nicht erfüllbar. Auf dem Esoterik-Markt wird man jedoch selbstverständlich jemand finden, der mit Positivem Denken und Lichtmeditation dafür sorgt, dass der IQ jede beliebige Höhe erreicht – oder man sich das für einige Zeit einbildet.

Auch Lebenssinn ist auf diesem Markt käuflich. Man muss sich nur die richtige Seelenführerin suchen, die einen weiterbringt – und sie rechtzeitig wechseln, wenn sie einem nichts mehr gibt. Da die Esoterik Alltagsbewältigung, Sinngebung und Seelenführung in einem sein will, ist bei ihren professionellen Lebenshelfern die Werbung für eine Ideologie nicht wie bei fachlichen Helfern verpönt, sondern sie wird oft genug von den Klienten sogar gewünscht. Sie wollen, dass man ihnen nicht nur sagt, wie man besser mit der Familie zurechtkommt, sondern auch, wie man zur Erleuchtung gelangt. Lebenshilfe und Lebenssinn soll aus einer Hand kommen, beides soll gleich schnell wirken und gleich bekömmlich sein. Die Merkmale der Esoterik-Bewegung richten sich nach dieser Bedarfslage. Man kann sie systematisch etwa folgendermaßen auflisten:

→ Eine große Zahl von Lebenshelfern, darunter auch esoterisch arbeitende Mediziner und Psychologen, wirbt über das fachlich anerkannte Gesundheitswesen hinaus um Klienten. Der Markt hat eine kommerzielle Struktur, er verfügt über eine Anbieterseite, eine Nachfrageseite und spezielle Vertriebswege (Messen, Medien, Versandhandel, Sachbuch-Literatur, Zentren etc.). Jugendliche können sich auf diesem Markt nur begrenzt bedienen, da ihnen die finanziellen Mittel und die Zugänge zu professionellen Helfern fehlen.

→ Esoterische Ideen und Angebote werden intensiv über die virtuelle Welt des Internets u.a. elektronische Medien vermittelt. In dieser virtuellen Welt bewegen sich Jugendliche kompetenter als die meisten Erwachsenen. Dort können sie sich informieren, sich darstellen und austauschen. Die Esoterik ist inzwischen ein quantitativ wichtiger Teil der virtuellen Jugendkultur. Esoterische Ideen erreichen Jugendliche deshalb am ehesten über Jugendliteratur, über das Internet oder über die Clique Gleichaltriger.

→ Das Angebot des kommerziellen Esoterik-Markts ist auf die Bedürfnisse der höher gebildeten bürgerlichen Mittelschicht und auf mittlere Altersgruppen zugeschnitten, darunter mehrheitlich auf weibliche Klientinnen. Für sie bietet die Esoterik-Bewegung Lebensorientierung und eine passende Identität: Sie sind aus ihrer eigenen Sicht diejenigen, die spirituell interessiert sind, die an sich arbeiten, die Therapie machen und weiterkommen. Kommerzielle Angebote für Jugendliche beschränken sich bis auf wenige Ausnahmen auf Literatur und elektronische Medien.

→ Grundlage des Angebots für Erwachsene ist die Ausweitung

des medizinischen Krankheits- und Störungsmodells auf alle Lebensbereiche. Esoterik bietet Therapie für den Durchschnittsmenschen mit seinen normalen Lebensproblemen. Von der Befriedigung der Bedürfnisse nach spannender Unterhaltung, interessanten Erlebnissen bis hin zur Vermittlung von Spiritualität und Lebenssinn.

→ Die Angebote der Esoterik-Bewegung sind individualistisch. Ihr Sinn ist (oder soll sein), den einzelnen Klienten glücksfähig zu machen und ihn zur Transformation des Bewusstseins und zur Erleuchtung zu führen. Gemeinde, Gemeinschaft und Staat sind nicht im Blick. Daher kann die Esoterik als ein individuelles Erlebnis- und Konsumangebot verstanden werden, ebenso als persönliche Lebenshilfe oder als privater spiritueller Weg. Jugendliche widmen sich okkulten Praktiken dagegen oft in besonderen Cliquen oder in einer zufällig entstandenen Gruppe Gleichaltriger (Gläserrücken im Schullandheim usw.).

→ Die Angebote der Esoterik-Bewegung sind pluralistisch und global. Sämtliche religiösen und magisch-okkulten Traditionen werden benutzt, um marktfähige Angebote zu machen. Es geht bei der Begegnung und Mischung dieser Traditionen nicht um Wahrheitsfragen oder um die kritische Frage, was gilt und was nicht. Es geht lediglich um ihre angebliche oder wirkliche Nützlichkeit und um den persönlichen Geschmack der Anbieter und Kunden. Diese Konzentration auf das Praktische verstärkt sich unter Jugendlichen noch. Sie wollen neue Erfahrungen machen, unbekannte Techniken ausprobieren, sie wollen wissen, ob „es funktioniert", sie sind neugierig und suchen nach Gelegenheiten, Grenzen zu überschreiten und die Toleranz der Erwachsenen auszutesten.

→ Die esoterischen Methoden werden als „ganzheitliche" Alternative zum fachlich differenzierten Hilfs-, Heilungs- und Beratungsangebot unserer Gesellschaft verstanden. Zudem bietet der Esoterik-Markt Lebenssinn außerhalb religiöser und weltanschaulicher Organisationen an. Damit tritt die Esoterik in Konkurrenz zur Medizin, zur Psychologie und zur etablierten Religion. Sie beansprucht, sich auf tieferes, älteres oder größeres Wissen zu stützen, als es die Wissenschaft liefern kann und als es die Kirchen verwalten. Jugendliche sind diesen Ansprüchen gegenüber oft besonders unkritisch. Sie verfügen

nicht über die Lebenserfahrung, Sinn von Unsinn zu trennen und kommerzielle Interessen in Rechnung zu stellen.
→ Die Esoterik-Bewegung ist selbst keine Religion. Sie hat aber insofern religiöse Züge (oder sie übernimmt gelegentlich die Funktion einer Religion), weil sie religiöse Ideen transportiert und weil sie auch eine Protestbewegung gegen die reine Innerweltlichkeit des Lebens ist. Sie wendet sich dagegen, dass das Alltagsleben nur von Kommerz und Technik beherrscht wird. Insofern kann man, wie manche Fachleute das tun, von einer „Sehnsuchtsreligion" sprechen. Das gilt allerdings für Jugendliche weit weniger als für erwachsene Esoterikerinnen und Esoteriker.

Die geheimen Dogmen der Esoterik

Obwohl auf dem Esoterik-Markt anscheinend alles und jedes geboten wird, glauben Esoteriker keineswegs alles und jedes. Die Esoterik-Bewegung weist durchaus „geheime Dogmen" auf, also religiöse Vorstellungen, die aufgrund einer stillschweigenden Übereinkunft nicht hinterfragt werden. Die Kundschaft übernimmt diese Vorstellungen auch dann, wenn sie nicht in Lehrbüchern niedergelegt

> **Das Gottesbild der Esoterik ist unpersönlich und ungeschichtlich.**

und systematisch vermittelt werden. Jugendliche übernehmen sie aus dem Internet, aus Mädchenmagazinen, aus Animes etc., ohne groß über sie nachzudenken. Ihre Grundzüge lassen sich trotz der Vielfalt der Angebote und trotz der unübersichtlichen Ideen- und Methodenfülle herausarbeiten:

Das Gottesbild der Esoterik ist unpersönlich und ungeschichtlich. Man spricht von einem kosmischen Bewusstsein, vom Urgrund des Geistes, Lichtenergie usw. Persönliche Gottesbilder, wie sie in der Bibel vorherrschen (Vater, Mutter, Schöpfer usw.), werden als naiv betrachtet.

Die biblische Vorstellung, dass Gott nicht nur als „Geist Gottes" im Innern von Mensch und Welt wirkt, sondern dem Menschen als Richter, als bedrohlicher und dunkler Gott gegenübertritt, ist dem Esoterik-Markt fremd. Auch das christliche Gebet hat keine Entsprechung. Letzter Halt des Glaubens ist nicht das göttliche Gegenüber des Menschen wie in der biblischen Tradition, sondern das Wissen um die kosmischen Gesetze, die in ihrem Ablauf das Heil wirken sollen. Es gibt jedoch durchaus auch eine Nähe zum christlichen Glauben, zum Beispiel zur Vorstellung des kosmischen Christus, oder da wo sich aus dem esoterischen Auftrag der Höherentwicklung des Bewusstseins, aus der Aufgabe, das eigene Ego zu verwandeln und hinter sich zu lassen, eine Liebesethik ableitet.

Ziel der menschlichen Existenz ist die Entwicklung des individuellen Bewusstseins hin zum Göttlichen und Absoluten, bis zur Höhe göttlichen Geistes bzw. bis zur Verschmelzung des persönlichen Bewusstseins mit dem geistigen Urgrund. Es handelt sich in der Praxis um einen spirituellen Evolutionismus, der auf individuelle Erleuchtung zielt.

Die Hoffnung der esoterischen Lebenshelfer auf spirituelle Höherentwicklung unterscheidet sich von der christlichen Hoffnung, auch wenn eine pauschale Charakterisierung als Selbsterlösungsglaube die esoterischen Vorstellungen (die sich im Einzelnen unterscheiden) nicht immer trifft. Die Überwindung des Bösen durch die Neuschöpfung von Mensch und Welt aus der Liebe Gottes heraus, wie sie die biblische Tradition erwartet, wird durch eine quasi-automatische Entwicklungshoffnung ersetzt, zu der man als Mensch viel – manchmal alles – beizutragen hat. Außerdem handelt es sich um einen ausgeprägten Heilsindividualismus: Nicht der Gemeinschaft der Glaubenden gilt die Hoffnung, sondern ausschließlich dem Einzelnen.

Der Geist – nach anderen Vorstellungen das Bewusstsein – des Menschen ist unsterblich und bekleidet sich immer wieder mit einem neuen materiellen Leib. Er erlebt deshalb viele Reinkarnationen und viele materielle Existenzen, die der Mensch in einer „kosmischen Schule" zur Höherentwicklung nutzen muss.

Der Reinkarnationsglaube stellt wahrscheinlich das am meisten verbreitete esoterische „Dogma" überhaupt dar. Es handelt sich nicht um das ursprünglich östliche Reinkarnationsdenken aus Hinduismus und Buddhismus, nach dem es Unheil und Fluch darstellt, an die ewige Folge der Wiedergeburten gebunden zu bleiben. Vielmehr deutet der westliche Optimismus die vielen Reinkarnationen als Relativierung, wenn nicht Aufhebung des Todes, und als immer wiederkehrende Chance zur Höherentwicklung sowie zur Aufarbeitung „schlechten Karmas".

Lebenshilfe und Lebenssinn vom Esoterik-Markt 39

Der Geist oder das Bewusstsein des Menschen sind der Materie übergeordnet oder sogar die einzige Realität. Die Materie ist dem Geistigen untergeordnet, wird vom hoch entwickelten Geist beherrscht. Oder aber sie ist sogar nur Schein.

Hier bewahrt der heutige Esoterik-Markt das Erbe des Okkultismus des 19. Jahrhunderts, der in gezielter Gegnerschaft zum Materialismus der damaligen Zeit und zu einem „naturwissenschaftlichen Weltbild" entstand. Dem rein naturwissenschaftlich gesehenen Kosmos wird ein rein spiritueller Kosmos entgegengesetzt, dem biologisierten ein vergeistigter Mensch. Das biblische Menschenbild, das sowohl auf die wesenhafte Leiblichkeit des Menschen als auch seine ewige Gottesbeziehung abhebt, bleibt dabei auf der Strecke.

Das individuelle Bewusstsein ist Ursache des Ergehens sowohl im gegenwärtigen Leben als auch auf dem Entwicklungsweg zur Erleuchtung bzw. zur Vergöttlichung. Das persönliche Schicksal wird von einer Tun-Ergehen-Kausalität nach dem Vorbild des okkulten oder theosophischen Karma-Denkens bestimmt.

In den östlichen Traditionen bindet alles Karma an die unendliche Folge der Wiedergeburten und verstärkt den Durst nach Leben, der zu überwinden ist, um zur Erleuchtung zu gelangen. „Schlechtes Karma" führt aus dieser klassischen hinduistischen Sicht zur Wiederverkörperung als niedrige Daseinsform. Das damit verbundene Leid dient der Läuterung und dem erneuten Aufstieg zu höheren Daseinsformen.

Aber auch „gutes Karma" führt im östlichen Denken nicht über den Kreislauf ewiger Wiederkehr materieller Existenzen hinaus. Das Heilsziel der Erleuchtung ist an die Überwindung und Aufhebung des Ichs gebunden.

Dagegen orientiert sich die vom neuzeitlichen Okkultismus entwickelte Idee guten und schlechten Karmas am Entwicklungsgedanken: Gutes Karma bringt den Menschen in der nächsten Inkarnation dem Ziel „Göttlichkeit" näher, schlechtes Karma verzögert den Fortschritt und stellt den Menschen in der nächsten Inkarnation vor neue Aufgaben.

Diese Denkweise führt dazu, dass die materielle Welt als moralische Anstalt zur Besserung des Individuums betrachtet wird. Das Ich wird durch seine Höherentwicklung nicht aufgelöst, sondern vergöttlicht. Diese Vorstellungen haben Auswirkungen auf den Umgang mit Krankheit und Behinderung, die als Ausgleich für Schuld aus früheren Leben bzw. als Aufgaben betrachtet werden, die auf dem Weg zum höheren Selbst zu lösen sind.

Das individuelle Bewusstsein kann Macht über die Dinge gewinnen. Es entsteht eine Neigung zum magischen Denken, die sich in der so genannten Gebrauchs-Esoterik und in der Generalisierung des Therapie-Begriffs besonders deutlich ausprägt.

Wie die Tendenz zum magischen Denken sich auf dem esoterischen Lebenshilfe- und Therapiemarkt, aber auch in der Jugendkultur praktisch auswirkt, wurde bereits beschrieben. Die Beweggründe erwachsener Kunden, sich auf dem Esoterik-Markt zu bedienen, haben oft mit der magischen Erwartung zu tun, Hilfe in Lebensproblemen zu finden. Dass sich dahinter auch religiöse Sehnsüchte verbergen können, darf allerdings nicht übersehen werden. Daher sei hier eine seelsorgerliche Schlussfolgerung vorweggenommen: Für Christen bedeutet die Begegnung mit der Esoterik bei Erwachsenen und Jugendlichen auch eine geistige Auseinandersetzung um religiöse Grundfragen. Verschiedene Vorstellungen von Gott und Mensch treffen aufeinander, und es geht darum, das Evangelium im Gespräch mit anderen religiösen Hoffnungen und Sehnsüchten zur Geltung zu bringen.

Warum spielt der Reinkarnationsglaube für Christen keine Rolle, warum hoffen sie auf die Auferstehung, also auf die Neuschöpfung ihres Lebens durch Gott? Solche Fragen muss man den jeweiligen Gesprächspartnern in einer verständlichen Weise beantworten können, wenn man auf „geheime Dogmen" der Esoterik trifft. Im Neuen Testament (und in großen Teilen der Welt während der ganzen Geschichte der Christenheit) ist diese Situation die Normalität. Man denke an die berühmte Rede des Paulus auf dem Areopag in Athen. Wir sind es in unserer Gesellschaft nur nicht gewohnt, als Christen mit anderen religiösen Ideen zu tun zu haben. Wir sind die Begegnung mit dem Unglauben gewohnt, mit dem Materialismus und dem Agnostizismus der Mehrheit unserer Bevölkerung. Die bleiben uns auch erhalten, keine Sorge. Nur eine Minderheit des gebildeten Bürgertums orientiert sich an der Esoterik-Bewegung, am Buddhismus, Hinduismus usw.

Aber die einfachen Gleichungen „religiös = christlich" und

„nichtchristlich = atheistisch" gehen schon lange nicht mehr auf. Wir haben in Deutschland Millionen Menschen unter uns, die esoterisch, neu- und fremdreligiös geprägt sind. Fangen wir also am besten bei unseren Kindern und Jugendlichen an. Wir sollten lernen, als Christen auch ihnen gegenüber sprachfähig zu werden.

Die Welt als Geheimnis und Gleichnis

Geistesgeschichtlich betrachtet stellt der moderne Okkultismus, wie er sich im späten 19. und frühen 20. Jahrhundert herausbildete, eine Reaktion auf die Vorherrschaft der Naturwissenschaft und auf den Materialismus dieser Zeit dar. Er war (und ist) eine von mehreren Protestbewegungen in der Geschichte der abendländischen Neuzeit gegen die Entzauberung der Welt durch Aufklärung und Naturwissenschaft. Sie entspringen jeweils dem Widerspruch gegen eine nur noch diesseitige, angeblich wissenschaftlich fertig gedachte Welt, die weder Gott noch Geist, weder ein Jenseits noch ein Wunder, weder Heil noch Unheil zuzulassen scheint.

Der wichtigste und für lange Zeit wirksamste dieser Versuche zur „Wiederverzauberung der Welt" war übrigens die deutsche Romantik, jene überaus fruchtbare literarische Bewegung am Anfang des 19. Jahrhunderts, zu der neben vielen anderen Novalis, Eichendorff, E.T.A. Hoffmann und (als später Ausklang) Eduard Mörike zu zählen sind. Die Romantiker wurden, bei aller Unterschiedlichkeit, von der Überzeugung geeint, dass die Wirklichkeit mehr sein muss als die nüchtern-prosaische Welt mit ihrer wissenschaftlichen Aufklärung. Sie wollten sich das Staunen über die Welt, die Freude an der Fülle und am Geheimnis der Existenz, nicht vom platten Vernunftglauben nehmen lassen. Die Romantiker glaubten deshalb an übersinnliche Phänomene, an die Wahrheit von Intuitionen, Ahnungen und Träumen, und gelegentlich auch an die Magie. Insofern lag in der Romantik bereits ein Ansatzpunkt für die okkulten Systeme.

Aber praktische Magie ist nicht ihr Interesse, und die Romantiker schlugen keineswegs alle den Weg in den Okkultismus ein. Im Gegenteil, die Epoche beweist, dass der romantische Widerspruch gegen Materialismus und Vernunftglaube auch zum christlichen Widerspruch werden kann. Bei einigen Romantikern kam die christliche Botschaft gegen den aufgeklärten Theismus neu zur Geltung, zum Beispiel bei Eichendorff und Novalis. Wenn es ein durchgängiges Thema in Josef Freiherr von Eichendorffs Werk „Aus dem Leben eines Taugenichts" gibt, dann das der Überraschung und des Staunens. Dem Helden passieren ständig wundersame und verwirrende Dinge. Einmal gut, einmal schlecht, aber immer zum Staunen. So schön und so geheimnisvoll ist die Welt, die Gott gemacht hat, so wenig beherrschbar und planbar, so lebendig und so wild! Wie Eichendorff diese Botschaft an seine aufgeklärten Zeitgenossen in eine fantastische Geschichte verschlüsselte, demonstriert die Kunst des romantischen Dichters.

Heute wird unsere Kultur allerdings nicht mehr von den starken rationalen und materialistischen Überzeugungen des 19. Jahrhunderts geprägt. Wir haben es weniger mit einem platten „wissenschaftlichen Weltbild" zu tun, sondern mit den technischen Folgen der Wissenschaft. Heute entspringt die Sehnsucht nach dem Jenseits und nach dem Wunder eher dem Leiden an der technisch und ökonomisch durchorganisierten Alltagswelt, in der ein Mensch nur nach seiner Produktivität und Konsumfähigkeit bewertet wird. Die menschliche Seele erwehrt sich der platten Rationalität und der gnadenlosen Weltlichkeit des modernen Alltags.

Heute entspringt die Sehnsucht nach dem Jenseits und nach dem Wunder eher dem Leiden an der technisch und ökonomisch durchorganisierten Alltagswelt, in der ein Mensch nur nach seiner Produktivität und Konsumfähigkeit bewertet wird.

Urängste und Ursehnsüchte, die in der technisch-ökonomischen Lebenswelt nicht zur Sprache kommen, verschaffen sich Raum in gesellschaftlichen Nischen, in der Freizeitkultur, in der Jugendkultur, im Internet, in religiösen Strömungen wie zum Beispiel in der christlichen Charismatischen Bewegung, und eben auch in der Esoterik. Dass sich die universalen Marktgesetze unserer Kultur sofort dieser Nischen bemächtigen, dass profitabel verwertet wird, was dort geschieht, ist allerdings auch wahr. Selbst der Protest gegen Konsum und Markt lässt sich vermarkten.

Trotzdem bleiben die Beweggründe des Protests und wollen als solche erkannt sein. Allerdings geht der Widerspruch gegen die entzauberte Alltagswelt in zwei verschiedene Richtungen, er folgt entweder den Spuren der Fantasie und der Religion, oder denen des Okkultismus.

Auf der einen Seite gibt es deshalb einen „mystischen" Widerspruch gegen die Alleingeltung technischer und wirtschaftlicher Rationalität, der auf die intuitive Erkenntniskraft der Seele setzt. Dieser mystische Protest besteht darauf, dass die Sehnsüchte und Ahnungen des Herzens ebenso Realität widerspiegeln wie die Logik des rechnenden Verstands, dass die ekstatische Versenkung ebenso Erkenntnis schafft wie das vernünftige Denken. Dem trockenen Lehrbuchwissen, das die Naturgesetze erkennt, wird die Weisheit des Herzens entgegengehalten, die andere und höhere Gesetze erkennt. Dem, was sich rechnet, wird mit jenem widersprochen, was Herz und Sinne erfreut. Der mystische Widerspruch beruft sich auf die Kräfte des Gefühls, des Traums, der Fantasie, der Ekstase und Versenkung und der Religion.

Auf der anderen Seite gibt es den magischen Widerspruch gegen die technisch-ökonomische Welt, der die wissenschaftliche Rationalität gerade nicht beschränkt, sondern sie auf das Jenseitige und Übernatürliche ausweiten will.

Der neuzeitliche Okkultismus behauptet, dass übersinnliche Erkenntnisquellen ebenso praktisch verwertbares Wissen liefern wie die Wissenschaft. Sei es die Jenseitsschau Emanuel Swedenborgs, die Geisteswissenschaft Rudolf Steiners, die „ewigen karmischen Gesetze" der vielen praktizierenden Esoteriker. Diese magische Protesthaltung tut so, als habe Francis Bacon eben doch nicht Recht gehabt, als er der „magia" den praktischen Nutzen absprach. Daher entwickeln die Okkultisten Wissenssysteme, die sich in der äußeren Form an der Wissenschaft orientieren, und sie entwickeln angeblich wirksame magische Techniken zum Problemlösen im Alltag.

Das mystische Protestanliegen drückt sich dagegen vorwiegend künstlerisch und spirituell aus, auf keinen Fall in quasi-technischen Methoden. Während sich der mystische Widerspruch gegen die moderne Welt von Novalis bis Tolkien, von der Theologie Rudolf Schleiermachers bis zu C.S. Lewis oft und harmonisch mit dem christlichen Glauben verbindet, ja sich sogar aus christlichen Quellen speist, sind Synthesen zwischen dem magischen und dem christlichen Anliegen nicht möglich. Wo sie versucht werden, wie in der Lorber-Bewegung, in der anthroposophisch geprägten Christengemeinschaft oder in christlichen Esoterik-Zentren wie der Neumühle im Saarland, scheitern sie und verlassen letztlich den Boden christlichen Glaubens. Bereits die Anthroposophie stellt von ihrem Ursprung bei Rudolf Steiner her einen vergeblichen Versuch dar, die Theosophie christlich umzugestalten. Wenn dem so ist, wäre es eine wichtige Regel für den Umgang mit Esoterik und mit der literarischen Fantasy, den Unterschied zwischen mystischen und magischen Motiven zu beachten.

> **Synthesen zwischen dem magischen und dem christlichen Anliegen sind nicht möglich.**

Als Christen sollten wir die magische Selbstüberhebung des Menschen, die sich in okkulten Wissensansprüchen ausdrückt, ebenso abwehren wie seine technische Selbstüberhebung, die sich heute zum Beispiel im biotechnischen Machbarkeitswahn zeigt. Wir sollten aber sorgfältig auf die Stimme der Fantasie und der Träume hören, die inmitten der Seelenlosigkeit unseres Alltags von den Sehnsüchten des menschlichen Herzens spricht. Doch wie lässt sich diese Aufgabe im Umgang mit Harry Potter und den Pokémon, mit Gläserrücken in Konfirmandengruppen, Mandalas im Religionsunterricht und mit pendelnden Pubertierenden erfüllen? Im nächsten Kapitel werfen wir erst einmal einen Blick auf die biblischen Modelle.

3

Weder Mächte noch Gewalten ...

Okkultängste und die Zuversicht der Bibel

Die Hexe von En-Dor und das Gesetz Gottes

Die Verfasser der biblischen Texte des Alten und des Neuen Testaments lebten in einer Welt, in der Magie selbstverständlicher Bestandteil des Alltags war. In dem Zeitraum, in dem die biblischen Schriften entstanden, änderte sich vieles, das aber nicht. Allerdings hatte die Zauberei (wie Luther die biblischen Begriffe übersetzt) in der archaischen Welt der zwölf Stämme, die in den frühen Geschichtsbüchern Israels beschrieben werden, eine andere Gestalt als in der hoch zivilisierten Welt des römischen Reiches, in der Paulus seine Missionsreisen unternahm.

In der alten Kultur Ägyptens, Palästinas und Mesopotamiens war die Magie aufs Engste mit dem Kult der vielen Götter, Geister und Mächte verbunden, denen man huldigte. Magie war nichts anderes als ein Teil des priesterlichen Diensts, sich diese Mächte gewogen zu stimmen und sich zunutze zu machen. Daher überrascht es nicht, dass das Gesetz Israels die Zauberei ebenso ablehnte, wie es den Götzendienst aufs Schärfste verbot. Schon in 2. Mose 22,17 heißt es lapidar: „Die Zauberinnen sollst du nicht am Leben lassen."

Und nur einen Vers weiter (19): „Wer den Göttern opfert und nicht dem Herrn allein, der soll dem Bann verfallen."

Die beiden todeswürdigen Vergehen gehören zusammen und bewirken den Verlust der Stammes- und Volksgemeinschaft, was in dieser archaischen Welt gleichbedeutend war mit dem Tod.

Noch deutlicher wird der Zusammenhang in einer Gesetzesversion 3. Mose 20,6: „Wenn sich jemand zu den Geisterbeschwörern und Zeichendeutern wendet, dass er mit ihnen Abgötterei treibt, so will ich mein Antlitz gegen ihn kehren und will ihn aus seinem Volk ausrotten."

Am ausführlichsten wird dieses Gesetz 5. Mose 18, 9 bis 22 erläutert. Dort steht es nämlich in Zusammenhang mit der Frage, was falsche Prophetie ist, und was Prophetie ist, die von Gott kommt: „Denn diese Völker, deren Land du einnehmen wirst, hören auf Zeichendeuter und Wahrsager; dir aber hat der Herr, dein Gott, so etwas verwehrt. Einen Propheten wie mich wird dir der Herr, dein Gott, erwecken aus dir und aus deinen Brüdern, dem sollt ihr gehorchen."

Hier ist von einem Propheten wie Mose die Rede (Verse 14 und 15), der anstatt heidnischer Geister- und Orakelbefragungen dem Volk Gottes Willen sagen wird. Ein echtes Wort von Gott wird dadurch erkannt, dass es eintrifft, sich also als richtig erweist. Die Auskünfte der Zeichendeuter, die falschen Prophetien, erweisen sich dagegen als irreführend. Hier wird überaus deutlich, dass sich das alttestamentliche Verbot der Zauberei gegen die Verehrung anderer Götter richtete und aus dem Bund Israels mit dem einen, lebendigen Gott folgte. Was für die Heiden Normalität ist, nämlich ihr Leben und Handeln nach Zeichen und Orakelworten zu ordnen, soll das auserwählte Volk nicht übernehmen.

Alles in allem gesehen nimmt das Verbot der Zauberei in den Gesetzestexten aber keinen großen Raum ein – nicht weil es unwichtig, sondern weil es selbstverständlich war. Zauberei war Götzendienst, und Götzendienst war ein Bruch des Bundes zwischen Gott und dem Volk. Das Verbot musste nicht im Einzelnen ausgeführt werden, anders zum Beispiel als das Verbot sexueller Perversionen, das sehr viel mehr Raum einnimmt. Auch die Todesstrafe stellt in der Welt des Alten Testaments keine spezielle Strafe für Zauberei und Götzendienst dar. Immerhin sieht das mosaische Gesetz an einer textlich eng verbundenen Stelle auch für widersetzliche Söhne die Todesstrafe vor (5. Mose 21, 18 bis 21). Die Alttestamentler sind sich uneins, ob es dabei um ein striktes moralisches Urteil oder um reale Strafvorschriften ging.

Man kann aus den Gesetzestexten also nicht herauslesen, dass die Zauberei als eine überragende Gefahr betrachtet wurde. Sie war zu meiden wie alles, was den Bund Israels mit Jahwe brach.

Weder Mächte noch Gewalten ...

Eine klassische Magie-Geschichte im Alten Testament finden wir in 1. Samuel 28, 3-25. Die Geschichte der Hexe von En Dor: Wieder einmal bedrohen die militärisch überlegenen Truppen der Philister Israel. König Saul kann sich nicht mehr an seinen Propheten, Samuel, um Rat wenden, denn dieser ist vor kurzem verstorben. Die Priester Jahwes können ihm weder durch prophetische Träume noch durch das heilige Los „Licht" helfen, die Orakel bleiben stumm.

Es gab also erlaubte Wahrsagepraktiken, die sich an den Gott Israels und nicht an die Götzen wandten. Aber die konnten Gott nicht zur Antwort zwingen, Saul blieb ohne prophetischen Rat. Da erinnert sich Saul an die „Geisterbeschwörer und Zeichendeuter", die er selbst nach dem mosaischen Gesetz aus dem Land gejagt hatte. Er findet eine Nekromantin in En-Dor. Diese erkennt Saul zwar als König, lässt sich nach einigem Zögern aber doch dazu überreden, den Geist Samuels aus dem Totenreich heraufzuholen. Ein interessanter und realistischer Zug der Geschichte ist, dass nur die Totenbeschwörerin den Geist Samuels wahrnimmt. Saul und seine Begleiter sehen nichts, denn der König muss die Frau fragen, was sie eigentlich sieht. Es verhält sich also wie bei einem spiritistischen Medium heutiger Zeit, das in Trance eine Vision hat, die das Medium seinen Klienten beschreibt.

Außerdem kann das Medium angeblich mit der Stimme des Geistes reden. Saul erhält auf seine Frage vom Geist des Samuels – oder eigentlich von dem Medium – eine Antwort, allerdings eine, die ihn hart trifft. Er erfährt nämlich, dass er und seine Söhne im Kampf gegen die Philister sterben werden, und dass sein Königreich an seinen Rivalen David fallen wird. Daraufhin verzweifelt Saul und erleidet einen Zusammenbruch.

Die Geschichte hat mehrere interessante und unerwartete Züge. Zum einen geht die Erzählung selbstverständlich davon aus, dass die Kunst der Totenbeschwörung funktioniert. Die Nekromantie, in diesem Fall wahrscheinlich eine Form heidnischen Ahnen- und Geisterkults, ist in dieser Geschichte (anders als an anderen Stellen des Alten Testaments) kein Lug und Trug, sondern schafft wirklich eine Verbindung zu einer jenseitigen Unterwelt.

Die Geschichte passt deshalb nicht zu einer modernen, aufgeklärten Vorstellung vom Okkultismus, nach der es sich bei okkulten Phänomenen in jedem Fall um psychologisch erklärbare Täuschung, wenn nicht sogar um Taschenspieler-Tricks handelt. Allerdings passt sie auch nicht zu einer fundamentalistischen Vorstellung, nach der okkulte Praktiken in Wirklichkeit den Kontakt zu dämonischen Mächten herstellen, auch wenn sich diese für Gott oder göttliche Mächte ausgeben mögen.

In der Auslegungsgeschichte hat es diese beiden Versuche gegeben, die Geschichte umzudeuten: Der Geist Samuels war nur in der Einbildung der Nekromantin vorhanden, oder die Vision wurde von ihr nur vorgetäuscht. Oder, anders herum, verstellte sich in Wirklichkeit eine dämonische Macht und gab vor, der Geist Samuels zu sein. Beides steht jedoch nicht so da. Die Geschichte wird vielmehr erzählt, als spreche wirklich der tote Samuel durch die heidnische Frau zu Saul. Nach den Kriterien des mosaischen Gesetzes handelt es sich um ein echtes prophetisches Wort, denn es erweist sich als wahr.

Dieser Punkt allein reicht aus, um manche vorschnelle Deutung der Zauberei in der Bibel fraglich zu machen. Allerdings ist dieser Punkt, für uns moderne Menschen vielleicht überraschend, nicht der wichtigste. Wie Nekromantie funktioniert, was dabei genau geschieht, ist nicht der Punkt, um den es geht. Es geht darum, dass Saul sich dem Gericht Gottes nicht entziehen kann, indem er sich an andere, geheimnisvolle Mächte und Kräfte wendet. Nekromantie mag funktionieren oder nicht, die Totenbeschwörerin mag übernatürliche Kräfte haben oder nicht – Saul wird das alles nichts helfen.

Selbst die Vision der heidnischen Magierin kann nicht anders, als dem König den Willen Gottes zu eröffnen. Der König überschreitet die Grenzen des Guten und Erlaubten, und jenseits dieser Grenzen findet er doch wieder nichts anderes als den Gott Israels.

Die Geschichte der Hexe von En-Dor stellt an die Magie nicht die technische Frage, sie stellt die Machtfrage. Die Antwort lautet, dass es kein Stück Welt gibt, sei es noch so dunkel und geheimnisvoll, das der Macht des Schöpfers entzogen ist. Saul hört das Urteil Gottes deshalb aus der unwahrscheinlichsten aller unwahrscheinlichen Quellen, nämlich aus dem Mund eines Mediums.

Die Machtfrage ist nicht nur hier, sondern im ganzen Alten

Testament, und im Prinzip auch im Neuen Testament, die entscheidende Frage an die Zauberei und deren Machtansprüche. Jene werden als hohl entlarvt, und die Macht des Gottes Abrahams, Isaaks und Jakobs wird als allumfassend und allgegenwärtig erkannt. Wir werden sehen, dass diese biblische Perspektive auch heute noch diejenige ist, die im Umgang mit dem Okkultismus praktisch mehr hilft als ein Rätselraten nach dem „Was" und dem „Wie" okkulter Phänomene.

Daneben hat die Geschichte der Hexe von En-Dor noch eine letzte Überraschung zu bieten. Saul wird nämlich nicht verurteilt, weil er das mosaische Gesetz bricht. Deshalb hört er kein tadelndes Wort vom Geist Samuels. Er ist schon vorher verurteilt, weil er eine Anweisung Gottes missachtet hatte, die uns weit weniger einleuchtet als das Magieverbot, nämlich alles Leben im Stamm der Amalekiter auszulöschen. Die Verwendung von Nekromantie fügt diesem Urteil offenbar nichts hinzu. Auch die Nekromantin selbst wird keineswegs als teuflisch böses Weib, sondern sehr menschlich geschildert. Sie ist eigentlich die sympathischste Figur der Geschichte, denn sie nötigt den zusammengebrochenen König dazu, etwas zu essen und sich Ruhe zu gönnen, sodass Saul schließlich wieder auf die Beine kommt. Das Verbot des heidnischen Totenkults hat offenbar nichts damit zu tun, dass seine Anhängerinnen und Anhänger böse Menschen wären. Viele Christen verbinden heute solche Vorstellungen mit dem Okkultismus, so als ob „okkulte Belastung" psychische und moralische Verkehrtheit bedeuten würde. In dieser uralten biblischen Geschichte ist davon jedenfalls nichts zu erkennen.

Die alttestamentlichen Modelle für die Beurteilung der Magie:
➔ *Zauberei als Täuschung und Selbsttäuschung*
➔ *Zauberei als Bundesbruch, als ein Verrat an dem Gott, der sich seinem Volk verbunden hat*
➔ *Zauberei als Grenzüberschreitung, als Versuch, sich Macht anzueignen, die Gott dem Menschen nicht gewährt*

Das also sind die alttestamentlichen Modelle für die Beurteilung der Magie: Zauberei als Täuschung und Selbsttäuschung, Zauberei als Bundesbruch, als ein Verrat an dem Gott, der sich seinem Volk verbunden hat, und schließlich Zauberei als Grenzüberschreitung, als Versuch, sich Macht anzueignen, die Gott dem

Menschen nicht gewährt. Diese drei Modelle sind heute noch wegweisend im Umgang mit dem Okkultismus, und sie lassen sich auch in Argumente für junge Menschen umsetzen. Dass man sich beim Gläserrücken und beim Pendeln in aller Regel selbst in die Tasche lügt, ist einsichtig zu machen (wie genau, wird an späterer Stelle noch gesagt). Leider kann man sich nicht nur Tagträume vom Glas und vom Pendel bestätigen lassen, sondern auch Ängste. Man macht sich mit okkulten Praktiken selbst verrückt, und es ist nicht immer einfach, wieder von den selbst geschaffenen Ängsten loszukommen.

Weiterhin hat Gott mit uns, falls wir getauft sind, in der Taufe den Bund seiner Liebe geschlossen. Wir haben das Vorrecht und die Freiheit, uns im Gebet an Gott selbst zu wenden. Da ist es lieblos, ja eine Schande, wenn wir versuchen, an unserem Vater im Himmel vorbei einen Blick auf jenseitige Geheimnisse zu werfen. Die Geister der Toten sind uns entzogen und in Gottes Hand. Es steht uns nicht zu, sie über automatisches Schreiben oder durch ein Trance-Medium für unsere Zwecke ausbeuten zu wollen. Gott hat uns dieses irdische Leben mit all seinen Gütern zum Geschenk gemacht, und er wird uns in Ewigkeit ein neues Leben schenken.

Wir sollen nicht versuchen, die Grenzen dieses irdischen Lebens eigenmächtig zu überschreiten und uns jenseitige, unsichtbare Bereiche an Gott vorbei dienstbar zu machen. Sogar wenn wir uns (in seltenen Fällen) dabei nicht nur selbst täuschen, werden wir nichts gewinnen und viel verlieren, nämlich das Vertrauen in unseren Gott.

Magier von Beruf: Barjesus und Simon von Samarien

Die Welt des Neuen Testaments war der heutigen, was die Magie angeht, sehr viel ähnlicher als die des Königreichs Israel. Die römisch-hellenistische Kultur, die im Mittelmeerraum und weit darüber hinaus herrschte, war nahezu ebenso pluralistisch und säkular wie unsere Gesellschaft. Man konnte sich eine Religion wählen, die einem zusagte, oder sich (zumindest als gebildeter Bürger) der Kunst der Philosophie widmen und auf die Verehrung von Göttern und Geistern ganz verzichten. Man konnte sich sogar als gebildete Griechin an den Gottesglauben Israels halten und, ohne zum Judentum überzutreten, eine „Judengenossin" werden, wie diese Leute in der Apostelgeschichte heißen.

Es gab ebenso wie in der heutigen Esoterik-Bewegung magische Wissenssysteme, die sich von den religiösen Systemen, in denen sie entstanden waren, gelöst hatten und unabhängig von der Götterverehrung gelehrt wurden. Einige dieser Systeme haben bis heute überdauert, zum Beispiel die Astrologie, die zwar aus dem Zweistromland stammt, aber im Hellenismus ihre heutige Gestalt erhielt. Auch die Hermetik und indirekt die jüdische Kabbala haben ihre Wurzeln in der griechisch-römischen Antike. Es gab berufsmäßige Zauberer, die man fast wie heute auf dem Esoterik-Markt als okkulte Fachleute anheuerte.

Zu einem vollständigen Hofstaat gehörte, wie wir aus Apostelgeschichte 13,6-12 erfahren, ein professioneller Magier. Sergius Paulus, der römische Statthalter Zyperns, hielt sich nämlich solch einen Hofzauberer, und zwar einen Juden mit Namen Barjesus. Er hatte sich zur Förderung seiner Karriere den griechischen Namen Elymas zugelegt. Dieser Zauberer bekam es mit Paulus und Barnabas zu tun, als er seinen Herrn davon abzuhalten suchte, sich mit der Botschaft des Evangeliums zu befassen. Er wurde dafür von Gott mit vorübergehender Blindheit bestraft.

Auch hier stellt sich in der Begegnung zwischen Paulus, dem Mann Gottes, und dem Magier die Machtfrage, und sie wird zu dessen Ungunsten beantwortet.

Noch eindrücklicher ist die Geschichte, die vom Apostel Philippus und dem Magier Simon in Samaria handelt (Apostelgeschichte 8, 4 bis 25):

Philippus predigt in Samaria, heilt und treibt unreine Geister aus, gewinnt die Menschen für das Evangelium. Der Magier Simon, der vorher starken Einfluss in Samaria gehabt hatte, und dem man große Macht zutraute, schließt sich der Erweckung an und lässt sich wie viele andere taufen.

Verblüffenderweise wird in der Geschichte nicht einmal gesagt, dass Simon danach seinen Beruf als Magier aufgab. Wir müssen das jedoch annehmen, denn an einer anderen Stelle (Apostelgeschichte 19,19) ist eine Erweckung damit verbunden, dass die neu gewonnenen Christen sich von der Magie abwenden. In Ephesus verbrennen sie nämlich magische Literatur im Wert von

50 000 Denaren, ein ganzes Vermögen. Den Ex-Magier Simon in Samaria beeindruckt es jedenfalls, dass die Getauften den Heiligen Geist empfangen, wenn die Apostel ihnen die Hände auflegen. Er verfällt einem typisch magischen Missverständnis und bietet den Aposteln Geld dafür, dass sie ihm diese Fertigkeit ebenfalls verleihen.

Der inzwischen nach Samaria gereiste Apostel Petrus macht Simon klar, dass Gottes Gabe nicht käuflich ist, und dass eine Umkehr bei ihm ansteht, wenn er in die rechte Beziehung zu Gott gelangen will. Simon bekommt es mit der Angst zu tun und wünscht sich die Fürbitte der Apostel. Weiter wird nichts über ihn gesagt. Allein das ist bemerkenswert. Simon braucht aus der Sicht der Apostelgeschichte bei seiner Bekehrung weder einen besonderen Befreiungsdienst, weil er Magier ist, noch braucht er nach seinem Fehltritt eine besondere Form der Buße. Er wird nicht einmal aus der Gemeinde ausgeschlossen.

Ob Simon es schafft, sich von seinen Machtträumen abzuwenden und künftig sein Vertrauen auf Gott zu setzen, bleibt offen. Wie er sich umorientieren sollte, ist jedoch überaus deutlich: Er muss sich gemäß dem Jesuswort entscheiden, ob er Gott dienen will oder dem Mammon und damit sich selbst.

Gott, die Welt und magische Mächte

Die biblischen Modelle liegen quer zu der häufig zu hörenden liberalen Auffassung, nach der die Beschäftigung mit dem Übersinnlichen und Jenseitigen aus christlicher Seite prinzipiell als positiv gelte, auch wenn magische Praktiken abzulehnen sind. Ebenso quer liegen sie allerdings zu der fundamentalistischen Auffassung, nach der jede okkulte Praxis als Kommunikation mit Dämonen zu betrachten ist, die eine besondere Bindung an Satan schafft.

Hinter der liberalen Auffassung steht eine auf den ersten Blick einleuchtende Idee: Als eigentlicher Gegner christlichen Glaubens in unserer Kultur wird der aufgeklärte Atheismus betrachtet, der sich auf ein geschlossenes „wissenschaftliches" Weltbild beruft. Dieses geschlossene Weltbild wird vermeintlich durch die Esoterik, durch mystische und okkulte Erfahrungen, durch die

Begegnung mit Engeln usw. aufgebrochen. Dadurch bewegt sich der im modernen Weltbild gefangene Mensch, so hofft man, wieder näher an den christlichen Glauben heran.

Für Mädchen, die kosmische Energien beispielsweise mithilfe ihres Pendels erkunden, wäre danach der Schritt leichter, im Gebet auf den Willen Gottes zu hören, als für andere Mädchen, die „nur glauben was sie sehen". Denn wenn es mehr gibt zwischen Himmel und Erde, als unsere Schulweisheit sich träumen lässt, könnte es ja auch den biblischen Gott geben, und man könnte vielleicht mit ihm reden.

So plausibel sich diese Überlegung anhört, die Erfahrung spricht dagegen. Man kann einräumen, dass der erhoffte Schritt vom esoterischen Rätsel zum Geheimnis des biblischen Gottes manchmal tatsächlich vollzogen wird, wie es einzelne Lebensgeschichten belegen. Viel häufiger führt der Weg jedoch von der okkulten Erfahrung zum okkulten Weltbild und zur gewohnheitsmäßigen Benutzung esoterisch-okkulter Lebenshilfen. Das biblische Muster, dass man sich zu entscheiden hat, ob man dem lebendigen Gott oder den eingebildeten Mächten der Magie vertraut, trifft die Lebenswirklichkeit.

Immerhin liegt es im Wesen des Okkultismus, dass er das technische Machbarkeitsdenken unserer Zeit auf angeblich übernatürliche Bereiche überträgt. Und wenn man glaubt, dass die okkulten Techniken funktionieren und das okkulte Wissen zuverlässig ist, wieso sollte man sich Gott und der Bibel zuwenden?

> *Das biblische Muster, dass man sich zu entscheiden hat, ob man dem lebendigen Gott oder den eingebildeten Mächten der Magie vertraut, trifft die Lebenswirklichkeit.*

Man kann immer wieder von Esoterikern hören, dass „Beten funktioniert". Da die Esoteriker jedoch etwas anderes unter beten verstehen als die Christen, bestreiten das jene. Es kann nicht in einem technischen oder magischen Sinn funktionieren, denn es ist „ein Reden des Herzens mit Gott". Genauso irreführend wäre es zu sagen, dass die Wünsche eines kleinen Kindes an seine Eltern „funktionieren". Wenn die Eltern ihr Kind lieben, werden sie oft nicht das tun, was das Kind sich wünscht. Gott spricht und gibt nach seinem, nicht nach unserem Willen, wie der Magier Simon es von Petrus hören musste. Der irregeleitete Zauberer hätte ja sogar dafür gezahlt, hätte man ihm nur erklärt, wie das Gebet um den Heiligen Geist funktioniert. Dass es dabei in Wirklichkeit um eine Bitte und ein Geschenk geht, hatte er nicht verstanden.

Man kann sicherlich durch innere Entwicklungen von einem naiven, magischen zu einem vertieften christlichen Verständnis des Gebets gelangen. Wir dürfen hoffen, dass das bei Simon der Fall war, nachdem er den „apostolischen Nasenstüber" weggesteckt hatte.

Die seelsorgerliche Aufgabe liegt auch heute noch immer gerade darin, eine solche Entwicklung möglich zu machen. Aber das ist noch lange kein Grund, ein magisches Gebetsverständnis für einen guten Einstieg in den christlichen Glauben zu halten. Simon hätte besser daran getan, sich zuerst einmal zu besinnen, bevor er die Methode zur Vermittlung des Heiligen Geists gegen Honorar von den Aposteln zu erwerben versuchte. Gottvertrauen und Magie-Vertrauen gehen nun einmal nicht zusammen.

Allerdings gibt es die moderne fundamentalistische Idee einer okkulten Belastung in der Bibel auch nicht: Wer pendelt, öffne sich in besonderer Weise dem Einfluss Satans, wer sich aus den Karten die Zukunft vorhersagen lässt, verhandle in Wirklichkeit mit Dämonen. Davon weiß die Bibel nichts. Im Alten Testament kann es diese Vorstellung schon deswegen nicht geben, weil die Figur des Satans, wie er im Neuen Testament vor allem in den Evangelien auftaucht, dort nicht vorkommt. Das Drama der Geschichte wird von Gott und Mensch gespielt, und die Rolle des Schurken ist dem Menschen vorbehalten. Satan steht höchstens gelegentlich in einer komischen Nebenrolle auf der Bühne, wie im Buch Hiob. Als Widersacher Gottes taucht er nicht auf. Das gilt, nebenbei gesagt, auch für die Versuchungsgeschichte 1. Mose 3,1 bis 7, in der die Schlange ausdrücklich als „listiger als alle Tiere" charakterisiert wird, „die Gott gemacht hat". Die Schlange gehört in die Reihe der Geschöpfe Gottes hinein, die Versuchung zum Bösen kommt aus der Schöpfung (und damit auch aus dem Menschen) selbst. Das christliche Denken hat die Schlange im Garten Eden zwar immer mit dem Teufel gleichgesetzt, weil man das Alte und das Neue Testament zusammen sah. Die Versuchung Adams und Evas und die Versuchung Jesu in der

Wüste wurden als zwei Episoden einer großen Geschichte betrachtet. So wie das Böse in die Welt kam, weil die ersten Menschen der Versuchung erlagen, so wurde das Böse besiegt, weil der Erlöser der Versuchung nicht erlag.

Es gibt gute theologische Gründe, die Bibel so zu betrachten. Aber es handelt sich um eine rückschauende Auslegung des Alten Testaments. In der Versuchungsgeschichte selbst spielt die von Gott als ein Tier des Feldes geschaffene Schlange die widergöttliche Rolle, nicht der Satan.

Auch im Neuen Testament ist von einem besonderen Zusammenhang zwischen Magie und Dämonendienst nichts zu lesen, obwohl dort im Unterschied zum Alten Testament Satan als Gottes Widersacher und „Fürst dieser Welt" mit seiner ganzen furchtbaren Macht hervortritt. Aber die Magier Simon und Barjesus sind nicht mehr und nicht weniger Gefangene Satans als andere Menschen und Mächte, die sich gegen Gottes Willen stellen. Barjesus wird von Paulus nach dem Bericht des Lukas zwar als Sohn des Teufels bezeichnet, aber dabei spielt der Beruf des Magiers keine Rolle. Der Apostel vergleicht auch die falschen Apostel, die in der Gemeinde in Korinth Unheil stiften, mit Satan, der sich als Engel des Lichts verkleidet (2. Korinther 11,14). Diese Leute waren sicher keine Zauberer. Dass auch die Vorstellung der frühen Neuzeit, man könne mit den Mitteln einer magia daemoniaca einen Teufelspakt schließen, gemessen an biblischen Texten reine Illusion war, versteht sich von selbst. Diese Vorstellung, und der damit verbundene Hexenwahn, war ein schrecklicher Irrweg unserer Geschichte, auf den wir als Christen nur mit Scham und Schmerz zurückblicken können.

In den so genannten Lasterkatalogen des Paulus taucht die Zauberei als eine unter vielen Verfehlungen auf, in die sich die abgefallene Menschheit verstrickt, zum Beispiel Galater 5,19-21: „Offenkundig sind aber die Werke des Fleisches, als da sind: Unzucht, Unreinheit, Ausschweifung, Götzendienst, Zauberei, Feindschaft, Hader, Eifersucht, Zorn,

> *Für die Gottesbeziehung ist es unwesentlich, ob der Mensch auf Geld- und Machtgier, auf sinnliche Befriedigung oder auf die Magie setzt. Auf allen diesen Wegen ist er Gefangener Satans, auf allen diesen Wegen zerstört er sich selbst.*

Zank, Zwietracht, Spaltungen, Neid, Saufen, Fressen und dergleichen..."

All diese Irrwege sind „Werke des Fleisches", also in der Sprache des Paulus die Folgen des menschlichen Eigenwillens, der die Gaben der Schöpfung missbraucht. Für die Gottesbeziehung ist es unwesentlich, ob der Mensch auf Geld- und Machtgier, auf sinnliche Befriedigung oder auf die Magie setzt. Auf allen diesen Wegen ist er Gefangener Satans, auf allen diesen Wegen zerstört er sich selbst.

In der Tat hat im Neuen Testament nicht die Magie, sondern der Besitz die wichtigste Rolle als falscher Götze, an den Menschen vergeblich ihre Hoffnung hängen. Und ist nicht auch das realistisch, wenn wir auf unsere eigene Kultur blicken? Selbst auf Esoterik-Messen regiert viel eher die Gier nach Geld als die Gier nach einer magischer Macht. Alles ist käuflich, alles wird verschachert, alles bemisst sich am Gewinn.

Gedanken zur Seelsorge

Warum halten manche Christen es trotz des gegenteiligen biblischen Befunds für selbstverständlich, dass man nach einer Reiki-Sitzung dämonisch belastet ist und nur durch ein Befreiungsgebet Hilfe erhalten kann? Häufig wird als Beleg der in den Heilungsgeschichten des Neuen Testament oft vorkommende Fall der dämonischen Besessenheit angeführt. Es ist allerdings klar, dass sich dieser Fall nicht auf die Folgen okkulter Praktiken anwenden lässt. Niemand, nicht einmal die radikalste charismatische Literatur, behauptet, dass die Besucher einer Esoterik-Messe im neutestamentlichen Sinn besessen wären. Dass Jesus und später die Apostel Menschen von dämonischer Besessenheit heilen, ist in den Evangelien und in der Apostelgeschichte eines der wichtigsten Zeichen dafür, dass zwischen dem Reich Gottes und dem Reich Satans mit dem Kommen Jesu ein erbitterter Kampf ausbricht. Der Sieg des Gottessohns wird zeichenhaft sichtbar, weil die bösen Geister Jesu Wort weichen und die leidenden Menschen freigeben müssen. Ebenso müssen alle anderen Mächte den von Gott erlösten Menschen freigeben, sei es die sinnliche Gier, sei es der Zorn, sei es der Mammon oder sei es Stolz und Machtgier – auch die Gier nach magischer Macht.

Die Vorstellung, dass es eine durch die Esoterik verursachte „okkulte Belastung" gibt, die über den Glauben an den Erlöser hinaus einer besonderen geistlichen Behandlung bedarf, entstammt dem technisch orientierten Denken der Neuzeit und stellt deshalb eher ein Problem als eine seelsorgerliche Hilfe dar. Unbeschadet dessen kann eine formelle Absage an okkulte Praktiken in der Seelsorge sinnvoll sein – nicht weil Gott das fordert oder die Dämonen dadurch vertrieben werden, sondern weil der Mensch ein hilfreiches Ritual benötigt. Die Absage an die Magie hat keinen anderen Charakter als die Absage an Geldgier oder Gewalt oder Machtgier. Auch dafür sind oft besondere Schritte nötig, um sich bewusst der neuen „Freiheit eines Christenmenschen" zu vergewissern.

Der leitende Zollbeamte Zachäus verschenkte, als er sich von seiner Geldgier löste, einen Teil seines Vermögens. Ein Christ, der als Sachbearbeiter nach BAT IV bezahlt wird, braucht es nicht genauso zu machen. Der Alkoholiker muss die Finger absolut vom Alkohol lassen, wenn er keinen Rückfall erleben will, was andere Christen nicht ebenso müssen. Die Neubekehrten in Ephesus verbrannten ihre magischen Werke, weil sie vorher ihre Hoffnung auf Magie gesetzt hatten. Wer das nicht getan hat, muss es ihnen nicht nachmachen.

Alles in allem war die altkirchliche Tauf-Liturgie mit ihrer Absage an den Teufel biblischer und realistischer als der so genannte Befreiungsdienst heute. In der Seelsorge reichen die bekannten und üblichen Hilfen wie das Bitten um Vergebung für Schuld, die Fürbitte, das Gebet um Befreiung, das Absagegebet für die Aufarbeitung einer esoterischen Vergangenheit ebenso aus, wie für die Aufarbeitung jeder anderen Vergangenheit. Was man als Seelsorger dazu benötigt, ist keine spezielle Gabe der Dämonenaustreibung, sondern ein hinreichendes Wissen um die Esoterik, damit man seinen Gesprächspartner verstehen kann.

Ehemalige Okkultisten brauchen manchmal darüber hinaus besondere psychologische und fachliche Hilfe bei der Verarbeitung ihrer Erfahrungen, aber das gilt auch für viele andere Christen. Und die Regel ist es keineswegs. Im Unterschied zu landläufigen Meinungen haben die sorgfältigen religionspsychologischen Untersuchungen von Professor Hartmut Zinser in Berlin ergeben, dass erwachsene Esoteriker nicht psychisch labiler sind als der Durchschnitt der Bevölkerung. Und Jugendliche, die okkulte Praktiken versuchen, sind aller Erfahrung nach auch nicht „gestörter" als andere, sondern mehr oder weniger normal. Manche benötigen danach psychologische Unterstützung, vor allem bei der Verarbeitung von Ängsten, aber die meisten erfahrungsgemäß nicht.

Seelsorge im Zusammenhang mit Okkultpraktiken ist nicht viel anders als in anderem Zusammenhang: Man muss etwas von der Lebenswirklichkeit der Menschen verstehen, und man muss das Evangelium in dieser Lebenswirklichkeit zur Geltung bringen.

Diese Schlussfolgerung richtet sich ausdrücklich gegen einen Strom christlicher Seelsorge, den ich in Bezug auf den Umgang mit dem Okkultismus für verfehlt halte. In großen Teilen der evangelikalen, und noch mehr in der charismatischen Bewegung, ist eine Umkehr zu den biblischen Modellen nötig, was den Umgang mit Magie und Okkultismus angeht. Anders kann die Seelsorge für Jugendliche und Erwachsene, die sich vom Okkultismus lösen, nicht gelingen.

Aber auch Kenntnisse der Religions- und Geistesgeschichte würden dabei helfen, Vorstellungen wie die Folgende zu korrigieren: „Aber Luzifer ist ein listiger Feind, der über viele Jahrtausende hin fortgesetzt Menschen von Gott und seiner Rechtschaffenheit wegzog. Satans schlauestes Werkzeug waren vielleicht die falschen Religionen, besonders jene religiösen Glaubenssysteme, die den Anhängern das Gefühl gaben, sie hätten die Kontrolle über die Welt um sich herum. Eines dieser Glaubenssysteme, das fast so alt ist wie die Menschheit selbst, ist der Okkultismus..."

> *Seelsorge im Zusammenhang mit Okkultpraktiken ist nicht viel anders als in anderem Zusammenhang: Man muss etwas von der Lebenswirklichkeit der Menschen verstehen, und man muss das Evangelium in dieser Lebenswirklichkeit zur Geltung bringen.*

Dieses Zitat stammt aus dem Buch „Harry Potter and the Bible" von Richard Abanes. Es ist keineswegs besonders fanatisch, was die Ablehnung des Okkultismus angeht, sondern vertritt wohl die konservative protestantische Mehrheitsmeinung in

Weder Mächte noch Gewalten ...

den USA. Trotzdem ist das Zitat theologisch und historisch verwirrend – schon deswegen, weil der Okkultismus, wie wir gesehen haben, erst in der abendländischen Neuzeit zu einem eigenständigen Glaubenssystem wurde, und zwar als Bewegung gegen die aufgeklärte Wissenschaft.

Falls der Autor jedoch Magie im Allgemeinen meint, wenn er Okkultismus sagt, hätte er damit trotzdem Unrecht. Magie war während der langen Menschheitsgeschichte meist kein getrenntes Glaubenssystem, sie war ein wesentlicher Teil aller frühen Religionen. Sie alle gaben den Menschen das Gefühl, mehr Kontrolle über die Welt und das Leben zu haben.

Kontingenzbewältigung (um ein Fachwort anzuführen) ist eine Funktion aller Religionen, besonders aber archaischer Volks- und Stammesreligionen. Wir stoßen immer wieder auf das Grundmotiv menschengemachter Kulte: die Suche nach magischer Macht zum Zweck der Lebenssicherung, der Selbstüberhöhung und der Grenzüberschreitung. Daher hat es keinen Sinn, im Blick auf die Religionsgeschichte so zu sprechen, als hätte ein Ägypter zur Zeit Abrahams oder ein Phönizier zur Zeit des Königs David überhaupt eine andere Religion als eine „magische" haben können.

Die vergebliche Hoffnung auf die Hilfe nichtiger Götter ist aus der Sicht des Alten und des Neuen Testament eine unausweichliche Folge der Trennung des Menschen von seinem Schöpfer, die erst durch die Selbstoffenbarung Gottes aufgehoben wird. Zuerst für das Volk Israel, dann mit dem Kommen des Christus für die ganze Welt.

Diese Sichtweise findet sich beispielhaft ausgeführt in der theologisch dichtesten Schrift des Neuen Testaments, dem Römerbrief. Im 1. Kapitel führt Paulus bekanntlich „alles gottlose Wesen und alle Ungerechtigkeit der Menschen" (Vers 18) auf die Abwendung vom lebendigen Gott und auf die Verehrung nichtiger Götter zurück: „Da sie sich für Weise hielten, sind sie zu Narren geworden und haben die Herrlichkeit des unvergänglichen Gottes vertauscht mit einem Bild gleich dem eines vergänglichen Menschen und der Vögel und der vierfüßigen und der kriechenden Tiere. Darum hat Gott sie in den Begierden ihrer Herzen dahingegeben und in die Unreinheit... sie, die Gottes Wahrheit in Lüge verkehrt und das Geschöpf verehrt und ihm gedient haben statt dem Schöpfer..." (Verse 22 bis 25). Wohlgemerkt, die zahllosen heidnischen Natur-, Geister- und Bilderkulte stellen nach Paulus nicht eine Verehrung des Satans und seiner Dämonen dar, wie es der schon zitierte Richard Abanes selbstverständlich annimmt, sondern eine Verehrung von vergänglichen Geschöpfen, nämlich von Mensch und Tier. Die Verkehrtheit liegt darin, dass der Mensch statt dem Schöpfer das Geschaffene und damit letztlich sich selbst verehrt. Die Kraft und die Fruchtbarkeit des Stiers ist auch im Menschen, denn er ist ein Säugetier und Blut fließt durch seine Adern, er paart sich und pflanzt sich fort.

Wenn der Mensch das Stierbild als Gott verehrt, verehrt er die Kraft, die der Schöpfer in ihn gelegt hat, und will sie über das gegebene Maß hinaus erhöhen.

Wenn der Mensch die Gestirne verehrt, weil sie unberührbar Nacht um Nacht am Firmament vorüberwandern, verehrt er sein eigenes Streben nach Unerschütterlichkeit, Unendlichkeit und Unvergänglichkeit.

Wenn die Griechen Zeus verehrten, ursprünglich ein Gott des Blitzes und der Naturgewalten wie der germanische Donar, verehrten sie die unbändigen Kräfte der Natur, an denen der Mensch selbst teilhat – und von denen er einen größeren Teil haben will, als ihm gegeben ist.

Niemand (oder fast niemand) unter uns Menschen will das Böse, niemand will die Güter der Welt zerstören, niemand will andere Menschen vernichten – außer denen, die einem leider in die Quere kommen. Und da jedem Menschen immer jemand oder etwas in die Quere kommen kann, hassen wir uns gegenseitig. Aber niemand (oder fast niemand) will das so, es passiert eben. Im Gegenteil, wir wollen anständig sein, aber auf eigene Rechnung, mit uns selbst als letzter Instanz, nicht mit Gott als letzter Instanz. Oder haben Sie Nachbarn und Kollegen, die so richtig ihre Freude am Bösen haben? Nein? Ich auch nicht.

In der Tat, das ist nicht unser Problem, sondern wie Paulus es sagt: „Das Gute, das ich tun will, das tue ich nicht..." (Man lese den Römerbrief über das erste Kapitel hinaus weiter.)

Das ist das Problem unserer Nachbarn, das ist unser Problem und das Problem der gottlosen Welt. Hinter und unter dem vergeblichen Rudern und Ringen des Menschen, sein eigner Herr und doch gut zu sein, öffnet sich in der Tiefensicht des Neuen Testaments der Abgrund einer widergöttlichen Macht, die mehr ist als menschliche Verkehrtheit und ihre Folgen. Von dieser Welt wird als Satan, als Lügner, Verdreher und Verderber von Anfang an gesprochen. Insofern hält sich Abanes und die fundamentalistische Theologie, der er anhängt, an das Neue Testament. Aber diese Macht ist verborgen hinter den unzähligen Schäden der gottlosen Menschenwelt, sie lässt sich nicht vom Menschen an einzelnen Übeln festmachen und durch deren Bekämpfung regulieren. Nur das Kommen des Gottessohns reißt dem Bösen die Maske ab. Das Reich Gottes, das mit Christus aufgerichtet wurde, ist die einzige Alternative zum Reich des „Fürsten dieser Welt".

Zu meinen, man könne das Wirken des Teufels eindämmen, indem man Verbotslisten mit Dingen erstellt, die „okkult belasten", ist kindisch und eine bloße Verharmlosung des Bösen. Im Grund unterscheiden sich die christlichen Anti-Okkultisten nicht so sehr von den anti-christlichen Okkultisten in ihrer überheblichen Art, mit der sie meinen, die unsichtbare Welt verstehen, berechnen und manipulieren zu können. Beide sind modernde Menschen, die meinen, der Satan, der Kosmos und Gott selbst ließen sich bedienen wie eine Maschine. In der Weltmaschine sind wir aber nicht der Maschinist, sondern ein Schaltkreis – das vergessen beide.

> *Zu meinen, man könne das Wirken des Teufels eindämmen, indem man Verbotslisten mit Dingen erstellt, die „okkult belasten", ist kindisch und eine bloße Verharmlosung des Bösen.*

Die Rosenkreuzer meinen, sie wüssten, was man lernen und tun müsse, um das menschliche Bewusstsein zu reinigen und es zu göttlicher Klarheit zu entwickeln. Die protestantischen Anti-Okkultisten meinen, sie wüssten, welche Hebel Satan benutzt, um Menschen zu zerstören – und wie man sie blockiert. Beide haben keine Ahnung, wovon sie überhaupt reden. In der anti-okkultistischen Theologie des Bösen steckt eine Bewegung weg vom Evangelium, weg vom Vertrauen auf Christus und hin zu einer selbstherrlichen Gesetzlichkeit, die meint, die Gottlosigkeit der modernen westlichen Welt mit deren eigenen Waffen bekämpfen zu können. „Mit unserer Macht ist nichts getan", dichtet dagegen Martin Luther, und man mag hinzufügen: auch nicht mit der Macht unserer Ideensysteme.

Haben wir nach zweitausend Jahren Paulus-Lektüre, nach Kreuzzügen und Inquisitionen, nach der Reformation und nach grauenhaften Konfessionskriegen, nach dem unsäglichem Unrecht der Hexenverfolgung, nach der französischen Revolution und nach zwei Weltkriegen noch immer nicht gelernt, dass wir als Christen kein Rezept gegen das Böse haben? Haben wir noch nicht gelernt, dass unsere Maßnahmen zur Bekämpfung des Okkultismus (und, nebenbei gesagt, aller anderer Übel) in der Gefahr stehen, zu schlimmeren Übeln zu werden als der Okkultismus selbst? Dass dieses so ist und immer so war, beweist die Macht des Reiches der Finsternis über die Menschheit – nicht läppische Tricks mit Gläsern und Tarot-Karten. Wir haben als Christen auch nichts Besseres zu bieten als die übrige Menschheit – außer der Hoffnung auf das, was Gott durch Christus für uns und für die Welt tut. Diese Hoffnung haben wir weiterzugeben.

Mit der Hoffnung verbindet sich aber tatsächlich eine Warnung: Wenn der Mensch sich auf eigene Rechnung der Welt bemächtigen will, die doch eine Welt Gottes ist, verliert er die Welt und sich selbst. Die Selbstüberhöhung und die Grenzüberschreitung des Menschen trägt den Keim der Zerstörung in sich. Wer Übermenschliches und Übernatürliches erreichen will, verliert seine Menschlichkeit und seine natürlichen Gaben. Wenn ich durch esoterische Disziplin ein höheres Bewusstsein entwickeln will, verliere ich den gesunden Menschenverstand. Wenn ich auf ein Erfolgs-Amulett setze, um mich bei meinen Geschäften sicher zu fühlen, mache ich mich von der Magie abhängig. Ich verliere die innere Sicherheit, die mir mein eigenes Selbstbewusstsein verleiht. Das Amulett, das dazu dienen sollte, mein Selbstbewusstsein zu stützen, untergräbt es.

Wenn ein 15 Jahre altes Mädchen auf Pendeln und Hexenkünste setzt,

Weder Mächte noch Gewalten ...

um den richtigen Freund für sich zu finden, und wenn sie das ernsthaft tut (Wir werden im nächsten Kapitel über den Unterschied von Spielwelten und Lebenswelt reden.), blockiert sie die Entwicklung ihrer eigenen sozialen Kompetenz. Sie ist in einem Alter, in dem sich die Beziehungs- und Bindungsfähigkeit zum anderen Geschlecht hin allmählich entwickeln sollte, aber nicht durch Magie, sondern durch soziales Lernen. Die Magie, die das Ergebnis vorwegnehmen will, verhindert es.

Das gilt aber nicht nur für die Magie: Jeder Weg, auf dem der Mensch sich der Welt bemächtigen will, ohne auf Gottes Willen zu bauen, ist selbstzerstörerisch. Der Mensch, der aus Lebensgier viel Geld anhäuft, sodass ihm alle Güter dieser Erde zur Verfügung stehen, verliert die Fähigkeit, diese Güter zu genießen. Er hat zwar die Mittel gewonnen, aber den Zweck verloren.

Wer als junger Bursche zu Drogen oder Alkohol greift, um seine Lebensangst zu überwinden, vermehrt in der Praxis die Lebensangst. Das Mädchen, das sein Selbstbewusstsein mit den Produkten der Kosmetik und der Bekleidungsindustrie aufbessern will, und viel Geld in Schminke und Modewahl investiert, blockiert die Entwicklung eines natürlichen Selbstbewusstseins, das sich aus guten menschlichen Erfahrungen aufbaut.

Die Gaben Gottes, und unser ganzes Leben ist eine Gabe Gottes, lassen sich nicht auf Dauer missbrauchen. Dass die Heiden zu biblischen Zeiten religiös waren und an Magie glaubten, ist nach Paulus eine Folge ihres Lebens ohne Gott, die nicht anders eintreten konnte. Dass die modernen Heiden unserer Tage auch wieder anfangen, religiös zu werden und an Magie zu glauben, ist ebenso eine Folge ihrer Abwendung von Gott. Wenn man nicht mehr an Gott glaubt, glaubt man nicht an gar nichts, sondern an alles – diese schlichte Weisheit bewahrheitet sich immer wieder und kann sich sogar auf den Römerbrief berufen.

Warum sollten wir als Christen vor dem neuen Heidentum und seinem Okkultismus mehr Angst haben als die frühe Kirche vor dem alten Heidentum und dessen Magie? Um es drastisch auszudrücken: Man kommt auf einer Esoterik-Messe nicht in engere Berührung mit dem Bösen als auf einer Erotik-Messe. Lesen Sie es im Römerbrief nach, wie Paulus argumentiert.

4

Geister, Hexen, Halloween

Jugendokkultismus zwischen Spiel, Kommerz und Verführung

Die Schwarze Szene

Was sind die *Goths* oder die *Wavers*, wie sie früher genannt wurden? Es sind düster gekleidete junge Leute, die traurige Musik hören, Horror-Erlebnisse lieben und die sich heute meist als Gothics bezeichnen. Das Wort bezieht sich im Ursprung auf das literarische Genre der „gothic novels", der englischen Schauerromane des 18. und 19. Jahrhunderts. Die Gothics sind der auffälligste und wohl auch zahlenmäßig bedeutendste Teil der „schwarzen Szene". Sie hören Musik der Richtungen Darkwave, Wave, Gothic, Gothic-Metal und sogenannte schwarze elektronische Musik sowie Black- und Death-Metal und Neo-Folk. Diejenigen, die sich dazu zählen, spielen manchmal – wenn auch keineswegs mehrheitlich – mit okkulten Praktiken herum, und einige befürworten den Satanismus. Praktizierende Satanisten, die auf Friedhöfen schwarze Messen feiern und die satanische Bibel lesen, sind in der Szene eine Minderheit, aber es gibt sie.

Der Name *Grufties* wurde den totgeschminkten, schwarzlippigen Girls mit den kalkweisen Gesichtern und der Neigung zum Weltschmerz und ihren männlichen Gegenübern zuerst von außen angehängt. Viele empfanden das Wort als Beschimpfung. Jetzt nennen sich die Waver zum Teil selbst so und dekorieren ihre Zimmer mit Kerzen, Totenköpfen und Bildern von Beerdigungen.

Die Grufties oder Gothics sind eine weithin unpolitische Jugendszene, die sich manchmal als Gegensatz zu den lauten,

Geister, Hexen, Halloween

plebejischen und politisch radikalen Punks versteht. Sie stammen meist aus der Jugend des gebildeten, wohlhabenden Bürgertums, sind Studenten und junge Angestellte und sind entsprechend bildungsbeflissen. Neben dem meist distanzierten, nur in Einzelfällen auch praktischen Interesse am Satanismus finden sich im Milieu der Gothics allerdings bedenkliche Übergänge zum Neuheidentum und zum Rechtsradikalismus. Es gibt deshalb sogar eine Initiative „Grufties gegen rechts", die sich vorgenommen hat, gegen diese Tendenz etwas zu unternehmen.

Aber die meisten Grufties lassen sich lieber von schaurig mystischen Götterkulten aus der keltischen und germanischen Vergangenheit faszinieren, tragen schwarze Kleider mit Spitzen-Dekolleté und Metallketten und halten nachts an angeblichen alten Kultplätzen ihre Treffen ab. In ihren Zimmern hängen neben Todes- und Satanssymbolen düstere Gemälde. Man trifft sich in den einschlägigen „schwarzen" Discos, man bestellt seine Devotionalien über das Internet oder anhand der Anzeigen in den Musik-Magazinen Legacy, Orkus, Gothic und Zillo.

Typisch für die Gothics und ihr Changieren zwischen heidnischem Horror und feinsinniger Bildung ist es, dass die New-Folk-Band „Subway to Sally" sogar mit lateinischen Texten arbeitet.

Die schwarze Szene wird im Wesentlichen durch den gemeinsamen Musikgeschmack zusammengehalten, über den man als Außenseiter allerdings besser nicht mit Insidern spricht: Sowohl die angesagten Bands als auch die für das Milieu typischen Fachausdrücke wechseln häufig, und man kann sich als unkundiger Szenefremder nur blamieren. Letztlich kommt es auch weniger auf den Musikstil an als auf das, was die Bands durch ihre Texte, ihr Auftreten und ihre Interviews in den Szene-Postillen zu den Fans transportieren.

Innerhalb dieser Szene stellen die typischen Gothics den eher friedlichen, ja sogar harmoniebedürftigen Teil dar. Trotzdem sind sie eine jugendliche Protestkultur, denn ihr Stil legt den Finger auf eine blutende Wunde unserer Gesellschaft: die Verdrängung des Todes und die Verniedlichung des Bösen. Die Wavers halten der Spaßgesellschaft, der Medienwelt der Schönen und Jungen, der Welt der ewig Erfolgreichen einen treffenden Spiegel vor. Ihre Totenköpfe sagen uns, dass sich hinter dem geschminkten

Fleisch auch bei uns nichts anderes verbirgt. In der Barockzeit hätte man diese Symbolik sofort verstanden und christlich gedeutet, nämlich als „memento mori". Ihre Gewaltbilder sagen uns, dass die zerstörerische Möglichkeit des Hasses und der Verneinung in uns allen angelegt sind. Auch das knüpft an die christliche Tiefensicht des Menschen an: All unsere Rechtschaffenheit ist ein schmutziges Gewand...

Allerdings ist die Szene der Gothics und Grufties eben nur eine Protestkultur, nicht mehr. Sie verharrt im Dagegensein, sie führt nicht zu Antworten, mit denen man leben kann. Sie provoziert lediglich, indem sie demonstrativ mit dem herumspielt, was die übrige Gesellschaft nicht sehen will. Dieses Potenzial lässt sich von Kräften nutzen, die viel Schlimmeres sind als eine jugendliche Protestkultur. Ein Hauptproblem ist derzeit die demonstrative Anregung zum Suicid, bis hin zu Anleitungen, wie man sich umbringen könnte, die in der Szene gehandelt werden. Was für die einen nur Provokation ist, kann für andere tödlich enden. Und der Schritt vom Horror-Groove zum Satanismus ist nicht so weit, wie es viele Grufties behaupten, auch wenn die allermeisten ihn nicht gehen.

Die eigentliche satanistische Musik-Szene ist jedenfalls eine andere. Rudy Ratzinger mit dem Künstlernamen Wumpscut gehört schon nicht mehr dazu, obwohl er Liedzeilen wie „Tot, tot, tot, ich mache dich tot" ablässt. Aber der sei, so meinen Branchenkenner, in der schwarzen Szene noch mainstream. Ebenso wie die altgediente Black-Metal-Band Deicide mit ihrer CD „When Satan lives". Solche Musik wird in unserer Jugend- und Pop-Kultur in Mengen

Die Szene der Gothics und Grufties ist eine Protestkultur, nicht mehr. Sie verharrt im Dagegensein, sie führt nicht zu Antworten, mit denen man leben kann.

Nur Jugendliche kommen überhaupt auf die Idee, mit Todes- und Schmerzerfahrungen zu spielen, genau genommen nur eine im Wohlstand lebende und äußerlich geborgene Jugend. Es ist kein Zufall, dass die meisten Gothics (anders als die meisten jugendlichen Satanisten) gesunde und befähigte Kinder des gesicherten Bürgertums sind, Kinder, die alles hatten: Nahrung, Kleidung, Wohnung, medizinische Versorgung, Unterhaltung, Freiheit, sogar Erfolg – nur keine Antworten.

konsumiert, und zwar von Jugendlichen, die fast alle keine Satanisten sind.

Fragen muss man sich, welchen Lustgewinn dieses Publikum aus den Hass- und Gewalt-Inszenierungen der Bands zieht. Satanismus als Dekoration von Rockmusik verkauft sich jedenfalls, daher wird er produziert, und zwar häufig nur aus kommerziellen Gründen.

Den Namen „Black Metal" gibt es schon seit Jahrzehnten für jene Rock-Musik, die das Christentum verhöhnt, Gewalt anpreist und den Satan verherrlicht. 1982 brachte die Gruppe „Venom" (Gift) ihre zweite Platte mit diesem Namen heraus. Die Black-Metal-Szene ist älter als die Esoterik-Bewegung und damit auch älter als der Jugend-Okkultismus im engeren Sinn. Die beiden haben unterschiedliche Wurzeln, fließen jetzt allerdings in der „schwarzen Szene" teilweise zusammen.

Triebkraft der früheren Black Metal-Musik war die Provokation, das Image des Revoluzzers war gefragt. Insofern handelte es sich häufig um ein Spiel, nicht um ernsten Satanismus. Aber eben um ein gefährliches Spiel: Provokationen nutzen sich ab. Wofür man als Rock-Star 1985 verbissen bekämpft wurde und dadurch verkaufsfördernde Publicity erhielt, weckt heute kaum mehr Interesse. Man muss immer weiter an der Provokations-Schraube drehen, bis man die Grenze zum Ernstfall selbst nicht mehr erkennen kann.

Daher war es keine Überraschung, dass in den Neunzigerjahren des 20. Jahrhunderts Black-Metal-Bands aus Skandinavien auftraten, die den Satanismus in die Tat umsetzten. Sie praktizierten ihre Rituale in geheimen Zirkeln und riefen öffentlich dazu auf, Kirchen anzuzünden. Die Anhänger der Band „Burzum" brannten daraufhin rund zwanzig Kirchen nieder, vor allem in Norwegen. Ihr Chef Varg Vikernes beging 1993 einen brutalen Mord und stieg dadurch zur satanistischen Kultgestalt auf. Er wurde zu 21 Jahren Haft verurteilt.

Im Frühjahr 2002 erlebten wir in Deutschland eine ähnlich bizarre Verehrung für das satanistische Mörderpärchen aus Witten an der Ruhr, Manuela und Daniel Ruda. Die Mehrheit der schwarzen Szene distanziert sich von ihnen, aber für einige sind sie Kult.

Bedrohlich ist außerdem eine andere Entwicklung: Die aus

den USA stammende „Church of Satan" des verstorbenen Satanisten Anton Szandor LaVey gewinnt im deutschsprachigen Raum immer mehr Anhängerinnen und Anhänger aus der schwarzen Szene. Es scheint so, als würde sich der jugendliche Privatsatanismus immer mehr zu einer Satans-Sekte wandeln. Von LaVey stammt die „Satanische Bibel", die von vielen Jugendlichen gelesen wird, und seine „Satanischen Rituale" sind ein heimlicher Bestseller. Auch Manuela und Daniel Ruda orientierten sich an diesen beiden Büchern. Was fasziniert die jungen Leute an diesen Werken?

Zwei Motive lassen sich ohne weiteres erkennen: das Motiv des Protests und das der Macht. Für Jugendliche ist der Satanismus der ultimative Protest gegen eine Kultur, in der sie sich nicht zu Hause fühlen, denn er verkehrt alle humanen Werte unserer Gesellschaft in ihr Gegenteil. Bei einem Musik-Konsum, der nicht mit satanistischer Praxis einhergeht, haben wir es in aller Regel mit einem solchen Protestverhalten zu tun.

Interessanterweise haben die Youngster dabei eine Tatsache im Blick, die Erwachsene oft vergessen, nämlich dass unsere kulturellen Werte aus dem christlichen Glaubens stammen und nur im christlichen Denken eine Grundlage haben. Daher greifen sie das Christentum an und pervertieren seine Symbole. Ausgerechnet die Satanisten erinnern uns daran, dass die Menschenrechte die Mitte und Richtschnur unserer freiheitlichen, demokratischen Gesellschaft sind, und die Ethik, die das Grundgesetz der Bundesrepublik in seinen ersten Artikeln formuliert, auf einer unausgesprochenen christlichen Grundlage beruhen. Die Würde des Menschen ist unantastbar, weil der Mensch Gottes Geschöpf und Gottes Gesprächspartner ist – warum sonst?

Wer die Würde des Menschen antasten will, muss seinen Schöpfer entthronen. Das Leben ist heilig, es ist keine Verfügungsmasse für menschliche Zwecke, weil es aus Gottes Hand hervorging – warum sonst? Wer sich an Menschenleben vergreifen will, muss das Heilige in den Schmutz ziehen. Überall stoßen wir, wenn wir im säkularen Schutt der Gesellschaft graben, auf das Fun-

Überall stoßen wir, wenn wir im säkularen Schutt der Gesellschaft graben, auf das Fundament des biblischen Gottesglaubens, der unsere wichtigsten humanen Werte trägt.

dament des biblischen Gottesglaubens, der unsere wichtigsten humanen Werte trägt. Dass sie sonst nichts trägt, wissen die Satanisten, oder sie ahnen es zumindest.

Der schlimmste Stein des Anstoßes für Okkultisten und Satanisten ist aber das erste Gebot: „Ich bin der Herr, dein Gott, der dich aus Ägypten aus der Sklaverei geführt hat. Du sollst keine anderen Götter neben mir haben."

Keine anderen Götter, kein Mammon, kein perfekter Körper, kein gewalttätiges Zerrbild Gottes wie bei Osama bin Laden, keine Geister und UFOs, kein Satan. Dieser Satz entmachtet den Menschen auf die radikalste mögliche Weise – der Mensch hat nichts in der Hand, was Gottes Macht nahe käme. Doch dieser Satz befreit den Menschen auch auf die radikalste mögliche Weise. Da er nichts tun kann, um göttliche Macht zu erringen, ist er frei, Mensch zu sein. Aber wie sieht es aus mit denen, die ihr Menschsein als Einengung, Erniedrigung und als Schwäche erleben? Sie können sich mit dem unendlichen Gott nicht abfinden, sie suchen nach einer Macht, die Grenzen überschreitet und den Rahmen der Geschöpflichkeit sprengt. Satan ist für sie das Symbol dieser Macht, das Symbol einer brutalen, rücksichtslosen Übermenschlichkeit.

Daher sollten wir nicht nur vor dem jugendlichen Satanskult erschrecken, wir sollten auch darüber erschrecken, dass bei uns Kinder und Jugendliche unter Verhältnissen aufwachsen, die es ihnen nicht erstrebenswert erscheinen lassen, menschlich zu sein. Was muss mit Jugendlichen geschehen sein, wenn sie sich nicht einmal mehr wünschen können, geliebt zu werden? Die wichtigste und die einzig wirklich wirksame Vorbeugung gegen den Satanismus ist ein lebenswertes Leben. Der Hass, der uns aus der Satanisten-Szene entgegenschlägt, ist die Kehrseite der Kälte und der Lieblosigkeit, mit der junge Menschen oft behandelt werden.

> **Die wichtigste und die einzig wirklich wirksame Vorbeugung gegen den Satanismus ist ein lebenswertes Leben. Der Hass, der uns aus der Satanisten-Szene entgegenschlägt, ist die Kehrseite der Kälte und der Lieblosigkeit, mit der junge Menschen oft behandelt werden.**

Wenn sich junge Leute allerdings einmal dem Satanismus angeschlossen haben, gibt es in der Seelsorge nur ein Entweder-oder. Satanismus ist keine Magie, keine

Zauberei und kein Okkultismus, Satanismus ist – wenn er ernst gemeint ist – Gottesverleugnung und Selbstvergottung. Wenn man an einem Punkt steht, an dem Leben und Tod, Gott und das Widergöttliche gleichermaßen im Blick sind, verfällt man dem einen oder dem anderen. Tertium non datur – ein Drittes gibt es nicht.

Die seelsorgerliche Erfahrung zeigt, dass für Satanisten, die sich aus dieser schrecklichen Szene lösen, deshalb nicht gilt, was für Pendler, Gläserrücker und Horoskop-Gläubige gilt: dass der Schritt von Unglauben zum Glauben in etwa genauso abläuft wie bei allen anderen Leuten. Ehemalige Satanisten tun sich schwer mit dem Glauben. Die Bindungen an die Dunkelheit sind tief und fest, die Ängste sind belastend, und die Verlockung des Bösen bleibt stark. Einen einfachen Rückweg in die Normalität gibt es nicht mehr. Die Verehrung Satans schlägt der Menschlichkeit des Menschen eine so tiefe Wunde, dass die Seele – bildlich gesprochen – auch dann noch in der Gefahr des Verblutens steht, wenn sie sich von der Dunkelheit ab- und dem Licht zuwendet.

Es gibt ehemalige Satanisten, die geheilt wurden, aber jeder Fall ist ein Wunder. Das Wort, dass Vorbeugen besser ist als Heilen, gilt nirgends mehr als hier. Darum muss man es den Jugendlichen sagen: Die schwarze Szene ist gefährlich, nicht weil alle jungen Leute in ihr Rechtsradikale oder Satanisten wären, sondern weil sie mit Ideen und Gefühlen herumspielen, mit denen man besser nicht spielen sollte. Vergänglichkeit, Tod und Gewalt sind uns viel zu nahe, als dass man sie leicht nehmen könnte. Ein Suizid ist der letzte Ausdruck menschlicher Verzweiflung und kein Spielmaterial.

In der Jugend sieht es so aus, als seien die Totenköpfe und die blutüberströmten Leichen weit weg. Aber das ist eine perspektivische Täuschung, denn auch für junge Leute gilt, dass sie mitten im Leben vom Tod umgeben sind. Und auch für sie gilt, dass sie jederzeit zu Zerstörung und Gewalt fähig sind. „Damit spielt man nicht", sagen die Erwachsenen, wenn ein Kleinkind ein scharfes Messer in die Hand nimmt. „Damit spielt man nicht", müssen wir den Grufties sagen, die sich allzu sehr an Todes- und Nachtgedanken, an Mord- und Blutrhetorik aufputschen. Es ist möglich, das es beim Spiel bleibt – Gott sei Dank ist das bei den meisten so. Aber wenn es doch einmal Ernst wird, sind die Folgen schlimm.

Geister, Hexen, Halloween 71

Nur Jugendliche kommen überhaupt auf die Idee, mit Todes- und Schmerzerfahrungen zu spielen, genau genommen nur eine im Wohlstand lebende und äußerlich geborgene Jugend. Es ist kein Zufall, dass die meisten Gothics (anders als die meisten jugendlichen Satanisten) gesunde und befähigte Kinder des gesicherten Bürgertums sind, Kinder, die alles hatten: Nahrung, Kleidung, Wohnung, medizinische Versorgung, Unterhaltung, Freiheit, sogar Erfolg – nur keine Antworten.

Pendeln in allen Lebenslagen

Der Jugendokkultismus im engeren Sinn hat mit der „schwarzen Szene" wenig zu tun. Seine „Oldies" heißen nicht „Black Metal", sondern Gläserrücken und Pendeln. Bei ihnen setzten sich die Redakteure von Jugendzeitschriften zuerst über ihre Schamgrenzen hinweg und druckten Anleitungen zum Selbermachen in ihren Postillen. Im Teeniemagazin Bravo warb man schon 1994 eifrig für das Pendeln. Die angebliche Hexe Cleo, eine attraktive junge Dame, stand in dem Okkult-Werbeartikel persönlich mit Bild dafür ein, dass die Magie des Pendels real ist und funktioniert. Das glauben übrigens viele, die sonst nichts mit Esoterik am Hut haben.

Das Pendel ist wie die Wünschelrute und wie Kartenlegen ein magisches Deute-Werkzeug, das nicht einem bestimmten okkulten System zugeordnet werden kann, sondern das vom Volksbrauchtum bis zur esoterischen Therapie-Praxis in vielen verschiedenen Zusammenhängen benutzt wird. Es gibt auch heute noch Pendler in der Volksheilkunde, die nichts vom Okkultismus wissen wollen, sondern die wie im 19. Jahrhundert darauf schwören, dass beim Pendeln lediglich Naturkräfte am Werk sind, die von der Wissenschaft bisher übersehen wurden. Meist, und bei Jugendlichen fast immer, wird das Verhalten des Pendels aber okkult erklärt: Es macht geheimnisvolle, feinstoffliche oder jenseitige Kräfte messbar, und man pendelt, um die unsichtbare Wirklichkeit hinter der Wirklichkeit zu erkunden. Außerdem lässt sich beim Pendeln das angenehme Gruseln, das eine neue und rätselhafte Erfahrung mit sich bringt, auf einfache und billige Weise genießen.

Laut einschlägiger Literatur gibt es kaum etwas, das nicht ausgependelt werden könnte: Schulnoten, Beziehungen, günstige Zeiten für Geschäfte, Zahl der Kinder, gute Standorte für das Bett, hilfreiche Medikamente usw. Moderne Pendelkarten listen Berufe, Freizeitbeschäftigungen oder Sportarten zur Auswahl auf. Eine Karte mit nummerierten Feldern dient zur Ermittlung der Lottozahlen. Besonders beliebt ist dabei das so genannte siderische Pendel. Der Begriff leitet sich wahrscheinlich von dem lateinischen Wort „sidus" ab, das „Stern" bedeutet. Er könnte aber auch vom griechischen Wort „sideros" für „eisern" abstammen.

Ob sich die Bewegung des Pendels natürlich erklären lässt, oder ob man mit dem Pendel auf geheimnisvolle Weise die eigenen seelischen Energien auf ein Ziel lenkt, ob man sich in einen Strom feinstofflicher kosmischer Energien einklinkt, oder ob gar hilfreiche Geister das Pendel bewegen, lässt sich mit pendelnden Jugendlichen hin und her diskutieren. Dass dämonische Mächte das Pendel bewegen könnten, kommt ihnen in aller Regel nicht in den Sinn, aber auch diese Erklärung gibt es. Ein logisch schlüssiger Beweis für die eine oder die andere Ansicht ist prinzipiell nicht möglich.

Was man allerdings beweisen kann ist, dass es keiner übersinnlicher Kräfte und Mächte bedarf, um das Geschehen beim Pendeln zu erklären. Naturwissenschaft und Psychologie reichen dazu völlig aus. Zuerst ist festzustellen: Ein an einem festen Punkt erschütterungsfrei aufgehängtes Pendel bewegt sich nicht, außer es ist so riesig wie das Foucault'sche Pendel in Paris, das auf die Erdumdrehung reagiert. Um kosmische Einflüsse, die ohne menschliche Mitwirkung funktionieren, kann es sich also bei der bewegenden Kraft nicht handeln. Sobald man das Pendel von der Hand herunterhängen lässt, wirken jedoch verschiedene Kräfte. Das ist so, auch wenn die jugendlichen Pendler ehrlich davon überzeugt sind, dass sie ihr Instrument absolut ruhig halten. Die Bewegungslosigkeit von Hand und Arm kommt durch aktive Muskelarbeit zustande, die lediglich so eingestellt ist, dass sich die Kräfte der Antagonisten gegenseitig aufheben. Das gilt selbst dann, wenn der Ellbogen aufgestützt ist. Die Kräfte der gegeneinander arbeitenden Muskeln sind nie so vollkommen im Gleichgewicht, dass sich nichts bewegt. Vielmehr wird die scheinbare Ruhe durch ständiges, unmerkliches Aussteuern der Muskelkräfte eingehalten. Und wie bei jeder Muskeltätigkeit tritt früher oder später Ermüdung ein, die sich in einem erkennbaren Zittern äußert, wenn die Ausschläge der Steuerbewegungen zunehmen.

Dieses so genannte Anspannungszittern genügt, um ein Pendel zum Schwingen zu bringen. Auch die Atmung sowie die Kapillarpulswellen, also die Ausbreitung des Pulsschlages bis in die Fingerspitzen hinein, können dabei mitwirken.

Wieso aber antwortet das Pendel sinnvoll auf die Fragen, die Jugendliche ihm vorlegen? Wieso kreist es bejahend über dem Bild des Mädchens, das der Pendler gerne mag, und pendelt ablehnend über dem Bild eines anderen Mädchens hin und her? Hier kommt das so genannte ideomotorische Gesetz zum Tragen. Dieses Gesetz besagt, dass die Muskulatur schon die Vorstellung einer Bewegung durch angedeutete, oder besser gesagt vorbereitende Anspannungen nachvollzieht, ohne dass uns das bewusst würde. Wer zum Beispiel an einen hohen Turm denkt, verdreht dabei die Augen kaum merklich nach oben – so, als würde er planen, im nächsten Moment tatsächlich an einem Turm hochzuschauen. Wenn mir jemand in der Sporthalle das Kommando „Laufen" zuruft, gerät meine Beinmuskulatur in erhöhte Aktivität, auch wenn ich ruhig stehen bleibe. Wer an eine Kreisbewegung des Pendels denkt, ruft sie unbewusst hervor.

Die ideomotorische Verschaltung von Denken und Handeln ist grundsätzlich sehr sinnvoll, denn sie bewirkt, dass sich unsere Muskulatur durch so genannte Intentionsbewegungen, durch eine Erhöhung der Muskelspannung usw. auf diejenigen Aktivitäten vorbereitet, die gleich nötig sein werden, um die Ideen in unserem Kopf auszuführen. Würde unsere Muskulatur in völliger Ruhe bleiben, bis das Gehirn sein Programm fertig hat und den Startbefehl gibt, würde sich unsere Reaktionszeit stark erhöhen. Tischtennis wäre dann beispielsweise kaum mehr möglich, weil niemand mehr den Ball treffen würde.

Aber da uns die Intentionsbewegungen nicht bewusst werden, verursachen sie einige überraschende Nebeneffekte, zum Beispiel die auf den ersten Blick unerklärliche Tatsache, dass sich ein Pendel so bewegt, wie wir es uns bewusst oder unbewusst vorstellen. Wenn wir keine Ahnung haben, wie das Pendel sich bewegen soll, wird die Bewegung zufällig. Wenn der Junge aus unserem

Beispiel die Fotos der Mädchen umdreht, die er auspendeln will, wird die positive, kreisende Reaktion nur noch mit der statistisch zu erwartenden Zufallshäufigkeit bei seiner Freundin auftreten.

Man kann das unter pädagogischer Begleitung ausprobieren, das Ergebnis ist sehr lehrreich für die Jugendlichen und schadet ihnen nach aller Erfahrung nichts. Ein Pendel ist schnell hergestellt, hervorragend geeignet ist zum Beispiel ein kleines Maurerlot. Im Notfall tut es jedes Gewicht an einer Schnur.

Geisterbefragung mit Gläsern

Das Gläserrücken ist ein anderer Fall als das Pendeln. Von pädagogischen Experimenten mit dem Herbeirufen von Geistern ist dringend abzuraten, da die Gefahr zu groß ist, Ängste bei den Jugendlichen zu erzeugen. Außerdem ist diese Praxis eng mit der Geisterseherei des Spiritismus verbunden, für die auf keinen Fall ein Anreiz geschaffen werden sollte, und die nicht verharmlost werden darf. Beim Gläserrücken lassen die praktizierenden Jugendlichen allerdings nur eine These als Erklärung für die Bewegung des Glases gelten: Ein Geist greift aus dem Jenseits ein. Es ist erfahrungsgemäß ungemein schwierig – viel schwieriger als im Fall des Pendelns –, diese Überzeugung infrage zu stellen. Das Gläserrücken geht folgendermaßen vor sich:

Man benötigt Karten, die alle Buchstaben des Alphabets und die Ziffern 0 bis 9 tragen, dazu zwei Karten, auf denen „Ja" und „Nein" steht. Diese Karten werden auf einer glatten Oberfläche im Kreis ausgelegt, in die Mitte kommt ein umgedrehtes Glas. Die Umsitzenden strecken einen Arm aus und legen ihren Zeigefinger leicht auf das Glas, ohne jedoch zu schieben. Dann ruft jemand im Kreis in ritueller Form einen Geist herbei. Die Formulierungen wechseln, aber oft enthalten sie Schutzformeln: man möchte nur einen guten Geist oder einen Geist von Gott herbeirufen. Auf die Anrufung hin „Geist, komm herbei!" oder so ähnlich, setzt sich das Glas in Bewegung und zeigt so die Gegenwart des Geistes an. Man kann dem Geist Fragen stellen, und das sich bewegende Glas buchstabiert die Antworten aus, wenn sie nicht nur „ja" oder „nein" lauten.

Allerdings passiert oft gar nichts, oder jemand schwindelt und die anderen bemerken es. Um einigermaßen sicher zu sein, dass das Gläserrücken nach Plan gelingt, benötigt man eine eingespielte Clique. Der Vorgang ist jedoch mühselig, selbst wenn er funktioniert, und ermüdend für die Arme. Längere Sätze kommen als Antwort meist nicht infrage.

Kein Wunder, dass die Kids oft auf Fragen kommen, die sich mit wenigen Zahlen beantworten lassen. „Was schreibe ich in der Mathe-Klausur?", oder weit gefährlicher: „Wann stirbt Martina?" So unglaublich es klingt – Fragen nach Todesdaten werden häufig gestellt und erzeugen manchmal schwere Angstzustände bei den Betroffenen. Jugendliche Experimentierlust kann schlimme Folgen haben.

Auch für das Gläserrücken gibt es eine natürliche Erklärung. Im Unterschied zum Pendeln handelt es sich um einen gruppendynamischen Vorgang, bei dem sich die geringfügigen Kräfte, die einzelne Finger auf das Glas ausüben, zu einer hinreichend starken Gesamtkraft addieren. Diese schiebt das Glas auf der glatten Oberfläche an, ohne dass die Teilnehmer dies bemerken.

Da sich die wirkende Gesamtkraft häufig in eine Richtung ergibt, in die keiner der Finger zeigt, entsteht bei hinreichender innerer Vorbereitung leicht das Gefühl, das Glas werde von einer übernatürlichen Kraft geführt. Und weil, wie gesagt, niemand seine Finger absolut ruhig halten kann und mit der Zeit die Arme schwerer werden, verstärken sich die wirkenden Kräfte mit der Zeit immer mehr. Deshalb muss die Clique oft eine ganze Zeit warten, bis sich der Geist bequemt zu kommen – oder bis alle Beteiligten verkrampft genug sind, damit das Glas ins Rutschen gerät.

Sinnvolle Antworten kommen deshalb zustande, weil es die Gruppe unbewusst schafft, die schwachen Kräfte der Finger auf einer abstrakten Ebene zu koordinieren, sodass Zahlen und Buchstaben zu sinnvollen Zeichenketten verbunden werden. Wenn man die Buchstaben- und Zahlenkärtchen umgedreht auf dem Tisch verteilt, sodass keiner der Teilnehmer sie lesen kann, kommt erwartungsgemäß nichts Sinnvolles mehr heraus.

Allerdings greifen die Kids, ohne es zu merken, beim Gläserrücken nicht nur auf bewusstes Wissen zurück, sondern auch auf Informationen aus tieferen Schichten der Seele. So kommt es zu Auskünften des Glases oder des Pendels, die angeblich den

Teilnehmern völlig unbekannt sind. Das Glas bewegt sich nämlich so, wie es die Gruppe oder einer aus der Gruppe unbewusst will.

Den meisten Jugendlichen ist nicht bewusst, dass das Unbewusste nicht nur einen Speicher von vergessenen und versunkenen Informationen darstellt, sondern auch ein recht ungemütlicher Ort ist, aus dem irreale Ängste, Befürchtungen und Fantasien ins Bewusstsein aufsteigen können. „Wir haben den Geist nach meinem Todesdatum gefragt", ist deshalb immer wieder der Einstieg in ein seelsorgerliches Gespräch, das mit einem Bericht vom heimlichen Gläserrücken in der Schule beginnt und mit der Geschichte von schweren Ängsten, Schlafstörungen und Depressionen endet. Der 16-jährige Realschüler Markus schrieb zum Beispiel schon vor Jahren an die Jugendzeitschrift *Popcorn*: „Es soll irgendwann im August zwischen 1995 und 2000 sein. Jetzt muss ich immer wieder daran denken. Ich habe Angst vor dem Tod. Ich will nicht so früh sterben. Diese Gedanken beschäftigen mich so stark. Ich hab das Gefühl, ein ganz anderer Mensch geworden zu sein."

Was wohl seither aus ihm geworden ist?

Übrigens lehnen nicht nur gläserrückende Jugendliche die hier geschilderte psychologische Erklärung für das sich bewegende Glas vehement ab, sondern auch viele Christen. Beide Seiten kontern die nüchterne Erklärung der Fachleute mit Geschichten über Gläser, die sich bewegten, ohne dass die Gruppe sie überhaupt berührt hätte. Für die einen ist das dann ein Beweis für die Aktivität von Geistern, für die anderen ein Beweis für die Macht Satans.

Mein Problem als erwachsener Gesprächspartner in einer solchen Situation ist, dass ich so etwas – im Unterschied zum üblichen Gläserrücken – noch nie erlebt habe und den Jugendlichen deshalb schlicht nicht glaube. In meiner Gegenwart rühren sich Gläser nie von selbst vom Fleck. Dass solche Geschichten in der hysterischen Atmosphäre eines pubertären Okkult-Zirkels entstehen können, kann ich mir jedoch vorstellen. Die christlichen Jugendlichen kennen diese Geschichten fast immer nur aus zweiter Hand, sie waren auch nicht dabei, als das Glas sich angeblich „wie von Geisterhand" bewegte.

Aber Jugendliche nehmen es, wie alle anderen Menschen auch, nicht gut auf, wenn man ihnen die Glaubwürdigkeit abspricht. Sie verteidigen ihr Weltbild, sei es ein spiritistisches oder

Geister, Hexen, Halloween

ein christliches, gegen die Entmythologisierung durch Psychologie und Medizin. Und vielleicht haben sie nicht einmal ganz Unrecht, denn kommt es für Pädagogik und Seelsorge tatsächlich darauf an?

Erinnern wir uns an die biblischen Modelle für den Umgang mit der Magie. Entscheidend ist nicht die Frage nach der richtigen Erklärung, sondern die Machtfrage. Daher ist es durchaus möglich, den Jugendlichen etwa Folgendes zu sagen:

„Wir können uns nicht darüber einig werden, ob ein Geist im Spiel war oder nicht. Aber falls einer im Spiel war, was beweist das? Ihr nehmt automatisch an, ein Geist müsse alles wissen und sehr mächtig sein. Ihr habt sogar Angst vor ihm – gebt es ruhig zu. Ich behaupte: Selbst wenn ein Geist das Todesdatum durchgegeben hat, was ich nicht glaube, hat dieser Geist nicht über Leben und Tod zu bestimmen. Gott gibt das Leben, Gott nimmt es, und nur Gott kennt meine Zukunft. Wir können nicht sicher sein, was ablief, als ihr mit dem Glas zugange wart. Aber wir können sicher sein: Was auch immer da war, es hat nicht die Macht, die ihr ihm zubilligt.

Da liegt der Irrtum, über den wir uns einig werden können. Überlegt, wer oder was Macht über Leben und Tod hat. Ein flüchtiges Gruppenbewusstsein nicht, ein Geist auch nicht, ein Dämon auch nicht. Oder?"

Ähnliche okkulte Praktiken wie Pendeln und Gläserrücken, die aus Platzgründen nicht näher besprochen werden können, sind

→ das automatische Schreiben mit dem Tischchen (Planchette)
→ Tischerücken
→ Wünschelrutengehen, Wünschelruten-Diagnose
→ Kristallsehen
→ Edelstein-Magie
→ Legen von Tarotkarten, Zigeunerkarten usw.
→ I Ging und andere fernöstliche Orakel-Praktiken
→ Handlesen, Schädelform-Deutung usw.
→ das Horoskop

Die genannten Praktiken spielen bei Jugendlichen ebenfalls eine Rolle, aber nicht annähernd so häufig wie Gläserrücken und Pendeln und wie die angebliche Hexenkunst für junge Mädchen, auf die ich noch zu sprechen komme.

Die Girlie-Hexen

In der Sondernummer „Mystery" der Zeitschrift „Mädchen", die zu Halloween, also zum 31.Oktober 2001, in 400 000 Exemplaren verbreitet wurde, gibt die 14 Jahre alte Engländerin Samantha Hardie im Interview Auskunft darüber, was es heißt, eine Hexe zu sein: „Ich habe zum Beispiel in meinem Zimmer einen Altar. So etwas sollte eigentlich jedes Mädchen haben. Auf dem liegt eine Kristallkugel, stehen Kerzen. Dort liegen meine Schmucksachen und Zauberutensilien."

Mystery fragt nach: „Jetzt mal raus mit den Tricks & Tipps. Was machst du denn, wenn eine Freundin oder Klassenkameradin zu dir kommt und in einen Jungen verliebt ist, mit dem sie gerne zusammen sein möchte?"

„Dann rate ich zum Basilikum-Zauber. Dafür besorgt man sich einen schönen Topf, gute Erde und Basilikumsamen aus der Gärtnerei. Den sät man im Topf aus. Man sollte täglich ein bisschen gießen und niemals jemand anderen ranlassen! – und fest daran denken, dass bald eine schöne Liebe erblühen wird. Kennt man den Boy schon, sollte man seinen Namen auf ein Stück Papier schreiben und das Papierchen zusammengerollt in die Erde stecken. Man darf das Basilikum aber nicht essen!"

So weit die kleine Kräuterhexe Samantha Hardie. Sie legt Wert darauf, eine „weiße Hexe" zu sein. Mit der schwarzen Szene will sie nichts zu tun haben, ihre Magie zielt (wie sie meint) auf Hilfe und Heilung ab.

Ist die jugendliche Hexe ein Produkt des Herumspielens mit Gläsern und Pendeln? Ganz und gar nicht! Samantha ist die Tochter einer professionellen englischen Okkultistin namens Titania Hardie, die sich selbst als mächtige Hexe verkauft und gelegentlich auch in Deutschland ihr Geschäft betreibt. Das Mädchen übernimmt Ideen und Verhalten ihrer Mutter, wie es Mädchen ihres Alters trotz aller pubertären Proteste mehrheitlich tun. Die Maxime, dass die Alten den Unsinn vormachen und die Jungen ihn nachmachen, gilt auch für sie. Solange es erwachsene Frauen gibt, die sich als Hexen verstehen, werden junge Mädchen diesem Rollenmuster folgen.

Der deutsche Begriff „Hexe" leitet sich übrigens wie das englische „hag" (aber nicht „witch") von der germanischen Wurzel

Geister, Hexen, Halloween

„hagazussa" ab, das so etwas wie Heckenfee oder Zaunreiterin bedeutet. Das Wort bezeichnet damit das wesentliche Merkmal des Hexentums, nämlich die angebliche Fähigkeit zur Überschreitung der Grenze zwischen der sichtbaren und der unsichtbaren Welt. Manche moderne Hexen scheinen allerdings auch mitten in der sichtbaren Welt zu Hause zu sein.

Die Nachrichtenagentur Zenit berichtete am 13. Januar 2002 Folgendes: „Die zuletzt im amerikanischen Bundesstaat Wisconsin ernannte Gefängnisgeistliche ist Jamyi Witch. Ihr Name bezeichnet auch schon ihre religiöse Herkunft, sie ist nämlich Hexe. Im Staat Wisconsin ist der neuheidnische Hexenkult eine anerkannte Religion wie der Katholizismus oder der Islam. Andere Bundesstaaten wie Kalifornien erlauben zwar Hexen in der Gefängnisseelsorge, aber nur als Freiwillige. Im vergangenen Monat wurde Jamyi Witch zur obersten Priesterin der Hexen in den USA ernannt und ist nun als Geistliche in einem staatlichen Gefängnis vollzeitbeschäftigt."

Das staatliche Jahresgehalt der Hexe beträgt nach dieser Meldung 32.500 Dollar. Viel ist das nicht, verglichen mit einem Pfarrergehalt in Deutschland, aber auf das Prinzip kommt es an. Im Ernst, haben Sie, liebe Leserin oder lieber Leser, in letzter Zeit wieder einmal über die so genannte Amtskirche und ihre Verquickung mit dem Staat geschimpft? Vielleicht hatten Sie ja Recht damit. Aber die Meldung aus Wisconsin lässt Dankbarkeit aufkommen, dass es in der Bundesrepublik Staats-Kirchenverträge gibt, und dass die großen Kirchen eine besondere Rechtsstellung haben.

Christen, die sich auch in Europa amerikanische Verhältnisse in der Beziehung zwischen Staat und Religion wünschen, sollten noch einmal nachdenken. Es könnte uns schnell Leid tun, wenn wir die amerikanischen Verhältnisse tatsächlich bekommen sollten. Oder wünschen wir uns für unsere Kinder Religionsunterricht von einer Wicca-Priesterin und für unsere Wehrpflichtigen Militärseelsorge von einem Meister des Armanen-Ordens?

Auch bei uns gibt es berufsmäßige Hexen, aber sie müssen sich wie Titania Hardie in England auf dem freien Okkultmarkt finanzieren. Die 37 Jahre alte Sabine Puls praktiziert als Hexe in Rotenburg an der Wümme und in Soltau (Lüneburger Heide), und zwar vor allem mit dem Legen von Zigeunerkarten und mit Handlesen, wie das „Journal am Sonntag" am 13.1.2002 berichtete. Sie lernte ihr Gewerbe von einer Okkultistin mit dem „Künstlernamen" Mama Blume, nämlich der Hamburger Zigeunerin Hilde Rosenberg. Ihre Kundinnen sind zu 80% Frauen, zu 20% Männer. Das Kartenlesen kostet 55 Euro, Handlesen kostet zusätzlich etwas mehr. Die selbst ernannte Hexe sagt von sich, sie habe ein Helfersyndrom. Wenn das stimmen sollte, sorgt sie jedenfalls dafür, dass nicht sie selbst darunter leidet, sondern andere. Neu ist im Übrigen nicht, dass es solchen Okkultschwindel gibt – das war schon früher so.

Neu ist, dass die Massenmedien solche Figuren ernsthaft, oder nur mit leichter Ironie, als einen möglichen Lebensentwurf vorstellen. Wenn es aus der Sicht der Medienmacher mehr oder weniger egal ist, ob ich mit meinem Partnerproblem zur evangelischen Familienberatung gehe, in eine psychologische Praxis oder zur Hexe, dann ziehen junge Mädchen den Schluss, dass es ebenso möglich ist, Hexe zu werden wie Psychologie zu studieren. Einfacher hat man es im ersten Fall sicherlich, auch wenn eine Lehre bei Mama Blume vermutlich nicht von den Bafög-Ämtern anerkannt wird.

Dass auflagenfocussierte Medienverantwortliche sich in diese Entwicklung einschalten und das Hexentum Gewinn bringend unter jungen Mädchen vermarkten, ist eine logische Folge der öffentlichen Gleichgültigkeit. Wenn sie damit Anstoß erregen würden, sie würden es lassen.

Neben dem Mädchen-Special „Mystery" ist vor allem das Comic-Magazin „Witch" zu nennen, das der sonst für die Walt Disney-Zeichengeschichten bekannte Ehapa-Verlag mit einer Auflage von 150 000 Exemplaren herausgibt. Die Comic-Heldinnen sind „fünf Mädchen, 13 und 14 Jahre alt" und gleichzeitig Hexen, die mit magischen Waffen gegen das Böse kämpfen. Soweit ist das Konzept von „Witch" bei „Sailor Moon" abgekupfert. Das Magazin bietet zum Beispiel praktische Anleitungen für die Hexenkunst. In der ersten Nummer, die im Juni 2001 erschien, findet sich gleich ein „Kleiner Zauberlehrgang" mit der Lektion: „Finde deinen Baumfreund."

Hat die Leserin ihren Kraftbaum gefunden, soll sie ihn näher kennen lernen und entdecken, welche guten Kräfte in ihm stecken. Dann schließt sich eine ausführliche Einweisung in die

Kunst des Pendelns an, und ein kleiner Einblick in das Erstellen von Horoskopen.

Der Presse wurde „Witch" in einem Schreiben vom 21.6.2001 mit folgender Empfehlung vorgestellt: „W.I.T.C.H. ist das Ergebnis eingehender soziokultureller Studien, die vor vier Jahren begannen und noch andauern. Die Comic-Geschichte soll – ganz in der Tradition von Disney – jungen Leserinnen mit positiven Werten begegnen: Mut, Loyalität, Gemeinschaftssinn, Toleranz und Teamgeist. Der redaktionelle Teil gibt Anregungen für eine Generation, die in einer Cross-over Kultur lebt und die mit ihrer Identität experimentiert, um ihre Potenziale auszuloten."

Angesichts der edlen Worte fragt man sich, wie viel Heuchelei sich eine Werbekampagne leisten kann, bevor sie lächerlich wird. Ohne böswillig zu sein, kann man die „eingehenden soziokulturellen Studien" des Verlags wohl mit „Marktforschung" übersetzen. Marktstudien als Wissenschaft auszugeben, ist ebenso unverschämt, wie wenn man der Öffentlichkeit das Umarmen von Bäumen und das magische Bezirzen von Jungs als „Ausloten von Potenzialen" bei pubertierenden Mädchen und als Weg zum Aufbau einer eigenen Identität schmackhaft machen will.

Identität ist nach einem bekannten philosophischen Wort das, womit der Mensch Anerkennung findet. Wollen wir wirklich eine Generation hervorbringen, in der man mit magischen Künsten und Kräuterzaubern gesellschaftliche Anerkennung findet?

Ich nehme nicht einen Augenblick an, dass die Macher des Magazins „Witch" und die Werbeexperten, die solche Briefe verfassen, selbst Okkultisten sind oder bereit dazu wären, jugendlichen Möchte-gern-Hexen Anerkennung zu zollen. Wären sie es, würde es sie sogar sympathischer oder zumindest redlicher erscheinen lassen. Aber sie machen den Girlies Lust am Hexen, nur um damit Geld zu verdienen. Sie verehren einen mächtigeren Götzen als die Magie, den Mammon.

Spielwelten, Bilderwelten, Lebenswelten

Auch in den bekannten Walt Disney-Comics um Micky Maus und Donald Duck gibt es Hexen. Zum Beispiel die unsägliche Gundel Gaukelei, die über zahllose Folgen versucht, dem superreichen Dagobert Duck seinen ersten selbst verdienten Zehner abzujagen. Obwohl die Zaubersprüche der Hexe, die ein kuscheliges Heim auf dem Gipfel des Vesuv und einen trotteligen Raben ihr Eigen nennt, meist funktionieren, kommt sie nie zum Ziel. Der gesunde Menschenverstand des alten Duck und der Mutterwitz seiner Großneffen Tick, Trick und Track erweisen sich der Magie jedes Mal als überlegen – wenn auch nur knapp.

In den Micky-Maus-Comics wird auch sonst mehr als genug gezaubert. Auf dem Dachboden des tollpatschigen Goofy finden sich immer wieder von obskuren Verwandten hinterlassene magische Gegenstände, die unerwartete Effekte haben.

Warum erleben wir diese zahllosen und zum großen Teil schon alten Geschichten, die wohl die meisten von uns kennen, nicht ebenso als Werbung für den Okkultismus wie das Magazin „Witch"? Die Antwort liegt auf der Hand: Die gezeichneten Geschichten um Donald, Dagobert, Goofy und Micky Maus spielen in einer von den Erzählern konstruierten Welt, die mit der Lebenswelt der Leser (seien es Kinder oder Erwachsene) nichts zu tun hat. Gundel Gaukelei ist eine sprechende Ente, Goofy ein sprechender Hund, der manchmal den nicht sprechenden Hund Mickys mit Namen Pluto spazieren führt. In einer solchen Geschichte kommt es auf die Zaubereien der Gundel Gaukelei nicht mehr an. Sie machen den Abstand zwischen Fantasiewelt und Lebenswelt nicht größer, als er ohnehin schon ist. Dieser Abstand ist aber, wie bereits gesagt, die Voraussetzung für den spielerischen Umgang mit der Geschichte. Eine sprechende Ente, die auf einem Besen reitet, kann kein Rollenvorbild für ein Mädchen sein und ist auch nicht so gemeint. Selbst wenn Gundel nicht am Schluss immer die Dumme wäre, würde die Lektüre eines „Lustigen Taschenbuchs" ein Mädchen nicht zum Ausprobieren magischer Rezepte verführen.

Zwischen Gundel Gaukelei und W.I.T.C.H. gibt es alle nur denkbaren Abstufungen von Produkten, die sich mehr oder weniger oder auch gar nicht als Stoff für Tagträume über magische Macht eignen. Bei „Sailor Moon" ist die Versuchung, sich mit den niedlichen Zauber-Girlies zu identifizieren, schon eher da. Eine populäre Manga-Serie über Junghexen liegt – was den Grad der Verfremdung angeht – ungefähr zwischen Donald Duck und Sailor Moon. Die abstrakten, auf ein Kindchenschema zugeschnittenen Figuren – diese Gestaltung ist typisch für Mangas – und die verspielteren Storys schaffen mehr Abstand als bei Sailor Moon, aber weniger als bei Micky Maus.

Sehr erfolgreich sind die ganz auf pubertäre Mädchenträume abgestimmten Fernseh-Serien des Produzenten Joss Whedon: „Buffy, die Vampirjägerin" und „Angel, Jäger der Finsternis". In diesen Serien wird der magische Power-Trip noch aufgestockt, denn es geht um die Jagd auf Vampire und Dämonen, also um den Kampf gegen das Böse. In Sunnydale, dem Heimatort von Buffy, befindet sich angeblich der Höllenschlund, und der führt direkt in das Reich Satans. Man kann über diese auch schon wieder schlimme, platte Naivität im Umgang mit dem Bösen klagen. Trotzdem nehmen die Buffy-Fans (und das sind nicht nur Kids) die Geschichten mehrheitlich immer noch als reine Fantasy wahr. Allerdings ist ein naives Herumspielen mit der Macht des Bösen nicht nur ein Merkmal der in erster Linie für Jugendliche gemachten Produkte, sondern eines der Spaßkultur unserer ganzen Gesellschaft.

Auch in den Serien für ältere Jugendliche und Erwachsene gibt es einen Trend zum Aufbereiten von Feld-Wald-und-Wiesen-Horror, der einerseits (glücklicherweise) nichts ernst nimmt, aber andererseits auch das nicht ernst nimmt, was man ernst nehmen sollte, nämlich Gewalt, Schmerz, Leid und Tod. Der Schauer-Oldie Akte X hat inzwischen eine Reihe von Nachahmern gefunden, die sich pseudo-realistisch mit den so genannten „urban myths" befassen: Entführungen durch Aliens (abductions), Werwölfe (Lykanthrophie), Vampire, Wechselbälger (Changelings) und so fort.

Parallel dazu wird dieser platte Volkssagen-Stoff in so genannten Tabletop-Rollenspielen von WhiteWolf vermarktet: „Vampire - The Masquerade" oder „Changeling" heißen die Ergebnisse. Das Rollenspiel Vampire für den PC ist eine direkte EDV-Umsetzung dieser Spiel-Entwürfe. Die Neigung zur Triebabfuhr durch magisch-sagenhafte Spielstoffe ist also ein Phänomen, das nicht nur Jugendliche betrifft.

Auch wenn es sich in allen Fällen um Spielwelten handelt, die

> *Ein naives Herumspielen mit der Macht des Bösen ist nicht nur ein Merkmal der in erster Linie für Jugendliche gemachten Produkte, sondern eines der Spaßkultur unserer ganzen Gesellschaft.*

deutlich als solche erkennbar sind, muss man sich fragen, womit man noch auf gesunde Weise spielen kann und womit nicht mehr. Die Antwort hängt im Einzelfall sicherlich vom Alter und Befinden der Beteiligten ab, aber es gibt Grenzen, die nicht überschritten werden sollten.

Das Beispiel der „Schwarzen Szene" zeigt, dass es gefährlich ist, mit Dingen zu spielen, die uns existenziell nahe kommen: Gott, Liebe und Hass, Satan, Gewalt, Leid und Tod. Man sollte sich bewusst machen, dass Angst als Grunderfahrung zu unserem Leben gehört. Angst steckt in jedem von uns, sei es als Kind oder Erwachsener. Man kann und soll diese Lebens- und Todesängste nur sehr begrenzt zu spielerischen Zwecken wachrufen. Daher lautet eine erste Regel für den Umgang mit Fantasy: Ängste und Hoffnungen, die uns zu nahe kommen, die uns existenziell berühren, sind kein Stoff für Spiel- und Fantasiewelten. Spielen heißt die Dinge leicht nehmen.

Ein Beispiel: Noch vor „Harry Potter" und dem „Herrn der Ringe" kam das moderne Märchen „Shrek" in unsere Kinos. Magie gibt es dort hinreichend, und es wimmelte nur so von Märchenfiguren. Die Erzählstruktur ist ähnlich wie bei Harry Potter und wie bei vielen Volksmärchen: Guter, aber naiver Charakter wird durch üble Charaktere verfolgt, muss notgedrungen zum Helden werden. Er wehrt sich mit Mut und List, setzt sich gegen übermächtige Gegner durch und bekommt am Schluss die schöne Prinzessin.

Ängste und Hoffnungen, die uns zu nahe kommen, die uns existenziell berühren, sind kein Stoff für Spiel- und Fantasiewelten. Spielen heißt die Dinge leicht nehmen.

Meines Wissens hat niemand „Shrek" verdächtigt, eine Werbung für den Okkultismus zu sein oder bedrängende Ängste wachzurufen. Warum? Nun, der Held ist ein schlitzohriger, grüner, bärenstarker Oger, der von einem sprechenden Esel begleitet wird. Es handelt sich um vom Computer animierte Trick-Figuren, auf Horror- und Dämoneneinsatz wird ganz verzichtet. Das schlimmste Schreckgespenst der Geschichte ist ein nur mäßig grässlicher Drache, der sich schließlich auch noch in den Esel verliebt. Offenbar sehen selbst fanatische Fantasy-Verteufler ein, dass die Fantasiewelt von Shrek von unseren Kindern nicht mit

Geister, Hexen, Halloween

ihrer Lebenswelt verwechselt werden kann und keine üblen Ängste wachruft.

Im Fall des Magazins „Witch" ist das nicht so, im Gegenteil: Das bedrückende an diesem Medienprodukt ist, dass es ausdrücklich nicht nur Spiel und Fantasie sein will, sondern die Magie in die Lebenswelt der Mädchen hineintragen will. Denn indem es praktische Magie-Rezepte und Bildgeschichten über imaginäre kleine Hexen zusammenbindet, schlägt das Magazin eine Brücke zwischen Fantasiewelt und Lebenswelt. Die Witch-Heldinnen sind als Rollenvorbilder für Mädchen gemeint und dafür konstruiert. Die salbungsvollen Worte der Werbeexperten und noch mehr die vielen praktischen Anleitungen in den Heften lassen keinen Zweifel daran.

Mit anderen Worten: Bei „Witch" wird nicht wie im Märchen oder wie bei „Shrek" Realitätssinn geweckt, nämlich indem die menschliche Realität von Mut, Kameradschaft und Liebe in einer verfremdenden Bilderwelt Gestalt gewinnt. Bei „Witch" wird der Realitätsverlust vorprogrammiert, und es wird in Kauf genommen, dass bei den Girls Ängste vor Zauberkräften entstehen können. Denn sobald man die Magie ernst nimmt, macht sie den angeblichen Hexen und den angeblichen Opfern Angst.

Wir sollten den Kreislauf aus abergläubischer Angst und blinder Gewalt nicht vergessen, der zur Hexenverfolgung führte.

Die Unterscheidung zwischen einer Fantasiewelt, die nicht die Lebens- und Alltagswelt ist, oder einer Spielwelt, die man zu dem Zweck aufbaut, eine andere Rolle als im Alltag zu spielen, und auf der anderen Seite eine Lebensorientierung, die auf die Bewältigung der Alltagswelt zielt, ist ungemein wichtig für den Umgang mit Okkultismus und Fantasy. Spielwelten gewinnen ihren Reiz daraus, dass wir sie selbst machen und nicht mit der Realität verwechseln. Fantastische Geschichten beziehen ihren Reiz ebenfalls daraus, dass sie Welten konstruieren, die nicht Realität sind, sondern mit denen die Vorstellungskraft spielen kann. Sie müssen in sich stimmig sein und in sich Sinn machen, mehr nicht. Unnötige Ähnlichkeiten mit der Wirklichkeit stören nur, eine Verwechslung hebt den Spaß ganz auf. Themen, die uns unausweichlich nahe kommen – Tod, Gewalt und Hass –, müssen besonders verfremdet sein, wenn sie von Kindern und Jugendlichen spielerisch genommen werden sollen. Darum gibt es bei

Micky Maus keinen Tod. Die Figuren überleben die absurdesten Unfälle ohne Schaden. Darum werden in anderen Comics nur die Bösewichter ums Leben gebracht, mit denen man sich als Kind nicht identifiziert – trotzdem bleibt ein schales Gefühl beim Betrachten. Darum besteht J.R.R. Tolkien darauf, dass ein Märchen gut auszugehen habe.

Die Verfremdung schafft Raum für die Fantasie und für das Spiel, und damit für eine seelische Verarbeitung der Erfahrungen, die man im Alltag macht. Nur Menschen mit halbwegs gesunder Psyche sind imstande, unbefangen zu spielen und mit Freude gute Fantasy-Literatur zu lesen.

Wenn Kinder (nachdem sie zu viele kleine grüne Monster im Fernsehen betrachtet haben) mit Laserpistolen aus Plastik herumrennen und spielen, dass sie von Aliens verfolgt werden, schlagen sie einen für Kinder normalen und im Prinzip gesunden Weg zur Verarbeitung des übermäßigen Fernsehkonsums ein. Schaden nehmen sie dann, wen sie nicht mehr spielen können, sondern nur noch vor der Glotze hocken. Leider ist das heute allzu oft der Fall.

Wenn Erwachsene nicht „Alien" spielen, sondern ernsthaft glauben, sie würden von Aliens verfolgt, werden sie wegen des Verdachts auf eine Paranoia ärztlich behandelt.

Den Unterschied zwischen Spielwelt und Lebenswelt, zwischen Fantasie und Realität zu erkennen ist ein Zeichen geistiger Gesundheit, nein mehr, ein notwendiger Bestandteil geistiger Gesundheit. Wir können nur hoffen, dass die meisten jungen Leserinnen von „Witch" die dort ausgebreitete Welt der Magie als Spielwelt verstehen. Aber sicher sein können wir dessen nicht, denn die verantwortungslosen Blatt-Macher fördern die spielerische Haltung nicht, sondern reden den Mädchen den Ernstfall ein.

Mandalas im Kindergarten

Auch mit so genannten Mandalas wird in unseren Kindergärten, Schulen und Bildungshäusern spielerisch und kreativ umgegangen. Allerdings wehren sich christliche Eltern oft dagegen, da sie die bunten Bildchen in Zusammenhang mit magischen Praktiken bringen.

Geister, Hexen, Halloween

Was sind Mandalas eigentlich, und warum wird auch gegen sie der Vorwurf des Okkultismus erhoben?

Das Wort stammt aus dem Sanskrit und bedeutet „Kreis" oder „Bogen". Es handelt sich im Original um hinduistische oder buddhistische bunte Verzierungen und Diagramme, die aus Kreisen, Rechtecken und Dreiecken bestehen können. Sie stellen teils gegenständlich, teils symbolisch Götter- und Geisterwelten oder kosmische Kräfte dar. Das kann zum Beispiel der Grundriss eines Hindu-Tempels sein.

Die meisten gegenständlichen Abbildungen, die bei uns bekannt sind, stammen jedoch aus der tibetischen Tradition des Buddhismus. Die Bilder dienen oft der religiösen Lehre für die nicht schriftkundige Bevölkerung, ähnlich wie die bunten Glasfenster in unseren Kathedralen Illustrationen der biblischen Geschichten sind. Im tantrischen Hinduismus und Buddhismus, also wieder vor allem in Tibet, werden die Mandalas auch als Hilfsmittel für die Meditation betrachtet. Die tibetanische Tradition der Meditation arbeitet sehr häufig mit Visualisierungen, im Unterschied zum Beispiel zur japanischen Zen-Tradition.

Mandala-begeisterte Lehrkräfte, die Kinder und Jugendliche mithilfe der Diagramme zur Meditation anleiten, knüpfen an diese Tradition an. Dazu ist von vornherein zu sagen, dass Versenkungsübungen, Trance-Induktionen, überhaupt sämtliche Methoden, die auf ein verändertes Bewusstsein zielen, in Kindergarten, Schule und Jugendarbeit nichts zu suchen haben. Ob man dafür Mandalas, Yogatechniken oder autogenes Training benutzt – die Praxis ist in jedem Fall pädagogisch und psychologisch unverantwortlich und möglichst zu beenden, bevor sie Schaden anrichtet.

Versenkungsübungen, Trance-Induktionen, überhaupt sämtliche Methoden, die auf ein verändertes Bewusstsein zielen, haben in Kindergarten, Schule und Jugendarbeit nichts zu suchen.

Wer meint, man könne Disziplin- und Leistungsprobleme durch meditative Erfahrungen der Kids lösen, ist nicht auf dem spirituellen, sondern auf dem Holzweg. Das hat erst einmal keine geistlichen, sondern entwicklungspsychologische Gründe, deren Darlegung hier zu weit führen würde. Mandalas als Versenkungs- und Meditationshilfe: Nein!

Aber wie steht es mit Mandalas als Gestaltungs- und Konzentrationsübung, als Mittel der Aktivierung von Farb- und Formensinn?

Die Mandalas, die dafür im Unterricht benutzt werden, haben in aller Regel keinen erkennbaren religiösen Gehalt mehr. Viele der Leute, die sie entwerfen und benutzen, können bei einer Nachfrage nicht einmal sagen, woher sie kommen und was sie im Osten bedeuten. Oft findet man frei gestaltete, ornamentale Kreisfiguren, die mit den Mandalas des Ostens vor allem die grafischen Elemente gemeinsam haben: Sie sind radiärsymmetrisch, und die Linienführung sowie die Farbgebung läuft auf ihre Mitte zu. Von daher folgen sie Gestaltungsregeln, die im Westen (im Unterschied zum Osten) eher selten sind. Sie sind aber keineswegs abwesend, man denke an die mittelalterlichen Kosmographien, an die spätgotischen Rosetten in unseren Kathedralen oder an die barocken Deckenmalereien.

Im Grunde gehören die Mandalas also nicht zu dem Thema dieses Buchs, denn Hinduismus und Buddhismus sind keine okkulten Systeme, sondern Weltreligionen. Auch die hinduistischen und buddhistischen Original-Mandalas sind nicht als magische Symbole zu verstehen. Man kann in der Verwendung von Mandalas unter Umständen trotzdem eine indirekte Werbung für den Buddhismus sehen, jedoch auf keinen Fall eine Verführung zur Magie. Probleme bei der nicht-meditativen Verwendung von Mandalas in unseren Schulen oder kirchlichen Bildungshäusern sind also – wenn es welche gibt – Probleme des Religionsimports oder im äußersten Fall der Religionsvermischung, des Synkretismus.

Allerdings wissen fast alle Leute, die Mandalas verwenden, nicht wirklich darüber Bescheid. So gesehen handelt es sich meist eher um einen Kulturimport als um einen Religionsimport. Benutzt werden Gestaltungselemente einer anderen Kultur, nicht Ideen und religiöse Praktiken.

Das gehört zur globalen Weltkultur dazu, ob es einem gefällt oder nicht. Schließlich heiraten Japanerinnen inzwischen auch unter Abspielen von Bach-Chorälen und im weißen Brautkleid, ohne dass sie deshalb Christinnen werden.

Allerdings gibt es eine Minderheit von Mandala-begeisterten Lehrkräften, die sich des religiösen Hintergrunds der Bildchen bewusst sind und Kinder wie Jugendliche über Mandalas zu östlich gedeuteten Wahrnehmungen anleiten. Dann ist die Reaktion klar: Im öffentlichen Bildungswesen hat religiöse Werbung jeder Art nichts verloren. Im kirchlichen Rahmen hat Werbung für andere Religionen genauso wenig etwas verloren.

Die Frage allerdings, ob im Einzelfall tatsächlich für den Buddhismus geworben wird (Praktiken des Hinduismus kommen so gut wie nie vor.), lässt sich ähnlich angehen wie die Frage, ob Fantasy-Literatur zur praktischen Magie verführt: Wenn die Mandalas spielerisch benutzt werden, wenn sie ästhetisches Erlebnis und Mittel der Gestaltung sind, gibt es keinen Grund zur Annahme, der Buddhismus würde für die kleinen Mandala-Maler dadurch wahrscheinlicher. Wenn sie in geschickter Weise mit christlichen Ideen verbunden werden, zum Beispiel mit dem christlichen Schöpfungsdenken, ist diese Gefahr sowieso nicht gegeben.

Aufmerksam sollte man allerdings bleiben, und man sollte diesen Punkt sowie die Ablehnung meditativer Übungen mit den Lehrkräften, Eltern, Jugendmitarbeiterinnen usw. offen ansprechen und klären. Denn immerhin gibt es (aber fast nur für Erwachsene) eine rührige buddhistische Mission im Westen, die evt. an die aus der Schule bekannten Gestaltungselemente des Mandalas anknüpfen könnte. Man sollte eine solche Möglichkeit nicht von vornherein ausschließen. Aber sie erscheint, ehrlich gesagt, in den meisten mir bekannten Konfliktfällen weit hergeholt. Es gibt dringendere Felder des Dialogs und der Auseinandersetzung mit dem Buddhismus im Westen. Führen wir diese Auseinandersetzung in guter Weise, dann brauchen wir uns vor Mandalas nicht zu fürchten.

Halloween: Was aus dem keltischen Silvester wurde

Halloween ist ein Beispiel dafür, dass sich eine ganze Nation an einem Grusel- und Geisterspiel beteiligen kann. In den USA ist nämlich Halloween, das am Abend des 31. Oktobers gefeiert wird, eines der großen Feste des Jahres für Kinder und Erwachsene, eine Mischung aus Nikolaustag und Fasching. Die Erwachsenen dekorieren ihre Häuser mit Märchen- und Spukfiguren, mit Spinnweben, Hexenbesen oder Geistergesichtern, und sie veranstalten Halloween-Partys, zu denen die Gäste in bizarren Verkleidungen zu erscheinen haben. Auch Firmen und andere Organisationen veranstalten offizielle Halloween-Partys, bei denen oft Geld für gute Zwecke gesammelt wird, und bei denen die Verkleidungen weniger grotesk sein dürfen.

Die Kinder ziehen verkleidet durch die Nachbarschaft und erbitten sich mit der rituellen Drohung „trick or treat" – Süßigkeiten oder Streich – Naschwaren an den Haustüren.

Es gibt durchaus neckische oder rabiate Aktionen, wie sie bei uns aus der „Freinacht" zum 1. Mai bekannt und gefürchtet sind. Aber in der Regel ist die Drohung nicht ernst gemeint, und die Familien haben sich darauf vorbereitet, Süßigkeiten an die bittenden Kinder auszuteilen.

Auch sonst erfordert Halloween viel Vorbereitung. Nicht selten steht der ganze Oktober im Zeichen des heranrückenden Fests: in den Kaufhäusern mit ihrem Angebot an Masken und Verkleidungen, in den Familien, den Schulen und den Nachbarschaften. Überall brennen nachts Kerzen in den ausgehöhlten Kürbisköpfen, in die Gesichter geschnitten wurden, und die „Jacko'lantern" genannt werden. Der erleuchtete Kürbis zeigt den Kindern an, dass hier etwas gegeben wird.

Der Name geht auf eine Volkssage zurück: Ein irischer Spitzbube namens Jack brachte es fertig, den Teufel auf einem Baum gefangen zu setzen. Er ließ ihn erst wieder herunter, als der ihm versprach, Jack werde nie in der Hölle schmoren. Als Jack ein Jahr später starb, wollte man ihn im Himmel nicht haben, da er ein Spitzbube war. In die Hölle ließ ihn der Teufel nicht hinein, aber er gab Jack wenigstens eine glühende Kohle. Jack höhlte eine große rote Rübe aus und legte die Kohle hinein. Da er weder im Himmel noch in der Hölle Einlass findet, muss er bis zum Jüngsten Tag ruhelos mit seiner Laterne die Welt durchstreifen.

In Amerika wurde die Rübe zum Kürbis (den es in Irland nicht gab) und das fratzenhafte Gesicht Jacks wurde in die Kürbislaterne hineingeschnitten. Wo Jacko'lantern leuchtet, holen sich heute die Kinder ihre Süßigkeiten ab.

Vom Typ her gehört Halloween in die Reihe der unzähligen so genannten „Heischebräuche", die es auch in Deutschland in großer Vielzahl gibt. Einmal im Jahr dürfen Kinder, oder früher

Geister, Hexen, Halloween

auch Dienstleute und Arme, bei den Wohlhabenden von Tür zu Tür ziehen und eine Gabe „erheischen". Viele solche Heischebräuche verbinden sich mit dem Festtag St. Martins, des barmherzigen und wohltätigen Heiligen. Dass die Bitte verkleidet gestellt wird, oder von Gesang und Lärm begleitet wird, ist nicht ungewöhnlich. In Süddeutschland gibt es zum Beispiel mancherorts den Brauch, dass Kinder in Kostümen am Morgen des Neujahrstags von Haus zu Haus ziehen und das neue Jahr mit Platzpatronen oder Knallfröschen begrüßen. Von den unsanft geweckten Hausbewohnern wird eine kleine Gabe erwartet.

Das Besondere an Halloween ist, dass die Kostümierung oft aus dem Bereich des Unheimlichen und Spukhaften stammt. Traditionell sind die alten Betttücher, in die Augen geschnitten wurden, und die einen billig herzustellenden Geist abgeben. Andere beliebte Gestalten sind Skelette, Hexen, Schwarze Katzen usw. Die Farben für Halloween sind schwarz wie die Nacht und Orange wie der Kürbis. Diese beiden Farben werden bevorzugt getragen. Allerdings gilt das keineswegs immer. Man kann sich auch als historische Figur oder mit Masken von bekannten Schauspielern und Politikern dekorieren, dann ähnelt die Kostümierung der eines deutschen Faschingsballs.

Das Besondere an Halloween ist allerdings auch die große Bedeutung, die das Fest in den USA hat, und die kein Heischebrauch in Deutschland erreicht. Insofern trifft der Vergleich mit Fasching eher zu.

Ursprünglich stammt das Fest aus Irland. Es wird, zumindest was den Brauch „trick or treat" angeht, jedoch auch in England und Schottland gefeiert. Halloween kam mit der Welle irischer Einwanderer nach 1840 in die USA und wurde allmählich zu einem Fest der ganzen Bevölkerung.

Heute nehmen ungefähr zwei Drittel der Einwohner in den USA daran aktiv teil. Damit ist es mit Weihnachten und Thanksgiving das wichtigste Fest in der neuen Welt. Bei uns wird Halloween erst seit wenigen Jahren von Kindern und Erwachsenen gefeiert, da das Fest im kontinentalen Europa keine Tradition hat.

Der Heischebrauch, der den Kern von Halloween bildet, lässt sich auch schwer verpflanzen. Trotzdem ziehen immer mehr Kinder auch bei uns aus und verlangen „Süßes oder Saures". Halloween-Partys werden vom Kindergarten an aufwärts immer beliebter, und die entsprechende Kostümierung gehört dazu. Damit kommt auch die Diskussion um Halloween zu uns. Denn wie bei uns Jahr für Jahr von christlicher Seite vor Fasching gewarnt wird, wird in den USA Jahr für Jahr vor Halloween gewarnt, weil es sich angeblich um eine Verharmlosung der satanischen Welt der bösen Geister handelt. Was die deutschen Faschingsbräuche angeht, ist deren heidnischer Ursprung eine sehr fragliche Sache. Historisch zurückverfolgen lässt sich die süddeutsche Fasnet, die bei weitem älteste Form des Faschings, nur bis ins hohe Mittelalter. Der rheinische Karneval erhielt sein typisches Gepräge sogar erst im 18. und 19. Jahrhundert.

Aber Halloween geht tatsächlich über Umwege auf ein heidnisches Fest zurück, nämlich auf das keltische Fest des Erntedanks und der Jahreswende, Samhain. Das irisch-gälische Wort Samhuinn heißt „Ende des Sommers". (Sollten Sie irgendwo gelesen haben, es sei der Name eines Totengottes: das stimmt nicht. Die keltische Götterwelt enthielt nach dem wenigen, was wir wissen, keinen Totengott.) Das keltische Jahr kannte nur die Jahreszeiten Sommer und Winter. Es orientierte sich an Saat und Ernte und endete nach unserem Kalender Ende Oktober.

Die Nacht vor dem Beginn des neuen Jahres war eine Zwischenzeit, in der das Alte vergangen und das Neue noch nicht gekommen war. In dieser Nacht war die Grenze zwischen der Welt der Lebenden und der Welt der Toten durchlässig. Magie und religiöse Rituale – die wie in allen archaischen Kulturen eng zusammenhingen – hatten in dieser Nacht eine besondere Kraft. Aber auch die Geister der Toten hatten in dieser Nacht die Möglichkeit, in die Welt der Lebenden zu kommen und sich der Menschen zu bemächtigen. Man musste sich durch rituelle Vorsichtsmaßnahmen dagegen schützen. Man löschte die Feuer in den Häusern, um sie ungemütlich zu machen. Die Menschen trugen abschreckende Masken und machten Lärm, man zündete große Feuer im Freien an, um die Dunkelheit und damit die Totengeister fern zu halten.

Nach anderen Quellen waren es nur die Priester, die in Masken umhergingen und evtl. Gaben von den Menschen forderten. Von daher könnte es eine Verbindung zum späteren Heischebrauch geben. Über die vorchristliche keltische Religion ist jedoch wenig Sicheres bekannt, daher ist auch die Quellenlage in Bezug auf Samhain schwierig.

Geister, Hexen, Halloween

Nach anderen Berichten buken die Menschen Brot und legten es am Rand der Siedlungen nieder, um die Geister versöhnlich zu stimmen. Manche Autoren führen den Brauch „trick or treat" darauf zurück. Jedenfalls verbanden sich die Angst vor den Toten und die Versuchung, ihre magische Macht zu nutzen, zu einem Fest des Endes und des Anfangs, des Todes und des Lebens.

Aber wie wurde daraus Halloween? Das kirchliche Fest Allerheiligen, mit dem die Christenheit ihre Heiligen ehrte, wird seit dem Jahr 609 gefeiert. In diesem Jahr wurde am 13. Mai das Pantheon in Rom, der Tempel aller Götter Roms, der Jungfrau Maria geweiht. Aus dem Tempel der vielen Götter war dadurch die Stätte der Verehrung der christlichen Heiligen geworden. Das ewige Rom feierte den Sieg der Kirche über die alten heidnischen Mächte.

Papst Gregor III. verlegte das Fest aller Heiligen im achten Jahrhundert vom Mai auf den 1. November, und sein Nachfolger Gregor IV. machte es zu einem Fest der ganzen Kirche. Damit sollte der heidnische Festtag ersetzt und mit einem neuen, christlichen Sinn gefüllt werden. Orthodoxe Christen feiern allerdings Allerheiligen immer noch im Frühjahr, am Sonntag nach Pfingsten.

Man muss aber die Treffsicherheit anerkennen, mit der die Päpste der heidnischen Angst vor den Toten eine christliche Antwort entgegensetzten: Die erlösten Toten sind bei Gott, sie sind kein Grund zur Angst, sondern zur Hoffnung. Die jenseitige Welt, die Heiden fürchten, ist aus christlicher Sicht die unsichtbare Welt Gottes, in der die Heiligen auf die Vollendung aller Dinge warten und Fürsprache für die Lebenden einlegen.

Der Abend vor Allerheiligen wurde jedoch zu „all hallows eve" und schließlich auf einem sprachlich nicht genau nachvollziehbaren Weg zu Halloween. Einige heidnische Bräuche wurden in Irland wohl an diesem Abend beibehalten, so wie auch Ostern und Weihnachten Reste heidnischen Brauchtums aufweisen. Es kam der alten Kirche nicht auf die Ausrottung des Brauchtums an, sondern auf seine christliche Deutung. Auch das Pantheon wurde ja nicht abgerissen, sondern neu geweiht. Und in der Tat, wer weiß schon (wenn es nicht zufällig in der Zeitung stand), dass der Osterhase einmal das heilige Tier der Göttin Ostara war? Wer weiß schon in den USA, dass die als Geister verkleideten Kinder, die mit Süßigkeiten wieder fortgeschickt werden, vielleicht über viele historische Ecken herum etwas mit einem heidnischen Ritual zur Versöhnung toter Seelen zu tun haben?

Die Iren, bei denen sich Halloween fast tausend Jahre lang entwickelte, sind ebenso lange oder länger ein christliches Volk. Genau genommen sind sie es länger als die Deutschen, denn große Teile Germaniens wurden von irischen Mönchen christianisiert. Von daher ist die Vorstellung, mit Halloween oder Weihnachten oder Ostern würden heidnische Götter geehrt, reichlich absurd. Im Gegenteil, solange diese Feste überhaupt einen religiösen Sinn haben, weisen sie auf den biblischen Gott hin, der alle Macht über Lebende und Tote hat.

Halloween hat aber in den USA keinen religiösen Sinn mehr. Selbst die historische Beziehung zu Allerheiligen ist inzwischen weitgehend bedeutungslos. Für die Menschen – und darauf kommt es letztlich an – handelt es sich um Mummenschanz, um ein Spiel mit dem angenehmen Gruseln, das Dunkelheit und Tod auslösen, solange sie uns nicht zu nahe kommen. Halloween ist heute in der Tat ein heidnisches Fest, aber eines der neuen Heiden, die eine Mehrheit unserer Bevölkerung bilden, und die weder an heidnische Götter noch an den Gott der Bibel glauben, sondern an sich selbst und ihren Spaß.

Halloween ist in der Tat ein heidnisches Fest, aber eines der neuen Heiden, die eine Mehrheit unserer Bevölkerung bilden, und die weder an heidnische Götter noch an den Gott der Bibel glauben, sondern an sich selbst und ihren Spaß.

Die Frage, ob Halloween von Christen gefeiert werden kann oder nicht, hat also nichts mit der Frage zu tun, ob man durch Halloween in besondere Berührung mit der Welt der Toten und der Dämonen kommt. Sie ist vielmehr eine Frage von der Art, wie sie Paulus gestellt wurde (Römer 14): Kann ich als Christ Fleisch essen, das aus Tempelopfern stammt, wenn es mir von einem Gastgeber angeboten wird oder wenn ich es auf dem Markt einkaufe?

Paulus antwortet bekanntlich darauf, dass man als Christ alle Freiheit habe, solches Fleisch zu essen, dass diese Freiheit aber durch die Liebe eingeschränkt werde – unter anderem auch durch die Liebe zu den Mitchristen, die Bedenken haben. Ob

Geister, Hexen, Halloween

man Halloween feiert oder nicht, ob man sein Kind zur Halloween-Party des Kindergartens gehen lässt oder nicht, ist eine Frage der Verantwortung gegenüber den beteiligten Menschen – Kindern und Erwachsenen.

Ist Halloween ein fantasievolles Spiel, ist es ein Anlass, dümmliche Gruseleffekte zu inszenieren, die den Kindern Angst machen, ist es nur wieder neuer Kommerz, oder ist es fröhlicher Mummenschanz? Die Frage ist nicht leicht zu beantworten, und sie lässt sich auch nicht durch allgemeine Rezepte beantworten. Im nächsten Kapitel werden weitere Hinweise folgen.

Harry Potter und der „Herr der Ringe"

Der Boom der Fantasy-Literatur

Zauberei in der Gemeindebibliothek

Der Kinderbuch-Bestseller „Harry Potter und der Stein der Weisen" von Joanne K. Rowling wurde im Jahr 2000 auf die Warnung von zwei Kirchengemeinderäten hin aus der evangelischen Gemeindebücherei von Münsingen-Rietheim auf der Schwäbischen Alb entfernt. Der Gemeindepfarrer bestätigte der interessierten Presse, dass die Betreffenden das Buch als Anleitung zu okkulten Praktiken betrachteten, dass er diese Ansicht jedoch nicht teile. Die Entscheidung sei mit der knappen Mehrheit von einer Stimme im Kirchengemeinderat gefällt worden.

Vorher war bereits aus England bekannt geworden, dass Kindern unter Berufung auf die Bibel die Lektüre der Harry-Potter-Bücher von der Rektorin einer Grundschule verboten worden war. Die Deutsche Presseagentur zitierte die englische Pädagogin in einer Meldung vom 27.11. 2000 mit der Aussage: „Die Bibel ist sehr klar darin, dass Zauberer, Teufel und Dämonen existieren und sehr real, mächtig und gefährlich sind, und dass Gottes Kinder nichts damit zu tun haben sollten."

An diese erste Welle von christlichen Anti-Potter-Publikationen schlossen sich immer neue Warnungen an, je größer der Erfolg der Bücher wurde. Dabei gab es auch „Rohrkrepierer": Ein unter Christen kursierender angeblicher amerikanischer Zeitungsartikel mit der Überschrift „Harry Potter Bücher lassen Satanismus unter Kindern ansteigen" stellte sich als eine Überset-

Harry Potter und der „Herr der Ringe"

zung aus dem satirischen Online-Magazin „The Onion" (Die Zwiebel) heraus. Die Zahlen und Zitate in diesem Text waren absurd und von den Netz-Komikern offenkundig frei erfunden worden. Trotzdem wurde das englische Spott-Produkt ins Deutsche übersetzt und von vielen Christen ernst genommen.

Dies blieb leider nicht der einzige Fall, in dem unter fälschlicher Berufung auf die Bibel am Fall Potter Okkultängste angeheizt wurden.

Was in der Bibel zum Thema Zauberei wirklich steht, wurde bereits diskutiert. Mit den „biblisch begründeten Warnungen" der Potter-Gegner, die fast immer eine Stelle aus dem mosaischen Gesetz anführen, hat das, was dort steht, jedenfalls nichts zu tun. Zur Erinnerung: Im mosaischen Gesetz wird die Zauberei verboten, weil sie Götzendienst ist. Eine andere Magie als die Anrufung von Göttern gab es zu dieser Zeit nicht. Wen dagegen Harry Potter zum Götzendienst verführen sollte und welche Götzen dabei gemeint sein könnten, bleibt unklar. Ebenso unklar bleibt, warum Harry Potter so viel schlimmer ist als Micky Maus oder die Narnia-Geschichten. Denn dass die Fantasy-Literatur auf keinen Fall pauschal als antichristlich beurteilt werden kann, ist überaus klar. Schließlich gibt es, wie erwähnt, christliche Fantasy mit sehr großer Breitenwirkung, und es gibt christliche Autoren, die gute Fantasy schreiben – nicht nur Tolkien, sondern auch Schreiber wie Stephen Lawhead und viele andere. Es gibt auch Fantasy mit einer kritischen Grundhaltung gegen Kirche und Glaube, zum Beispiel die von Marion Zimmer Bradley und Tad Williams.

Fantasy-Autoren sind moderne Menschen, die das Spektrum moderner Glaubenshaltungen repräsentieren. Für die Autorenschaft anderer belletristischer Genres, für Sachbuch-Autoren und Journalisten gilt das aber genauso.

Fantasy-Autoren sind moderne Menschen, die das Spektrum moderner Glaubenshaltungen repräsentieren. Für die Autorenschaft anderer belletristischer Genres, für Sachbuch-Autoren und Journalisten gilt das genauso. Trotzdem rennen wir als Christen nicht herum und warnen vor ihnen. Warum sollten wir?

Betrachtet man die Geschichte des europäischen Kinder- und Jugendbuchs, wird deutlich, dass märchenhafte und magische

Elemente in ihr eher die Regel als die Ausnahme sind. Aktiv gezaubert wird recht häufig, sowohl von Menschen als auch von Fantasiewesen. Viele kennen die modernen Märchen der im Januar 2002 im Alter von 94 Jahren verstorbenen Schwedin Astrid Lindgren, der vielleicht größten Dichterin, die in unserer Zeit für Kinder schrieb. Wir erinnern uns an „Die Brüder Löwenherz" und „Mio, mein Mio", vielleicht sogar an die wunderbaren Kräfte der Pippi Langstrumpf.

Ebenfalls aus Schweden kommt Selma Lagerlöfs unsterbliches Meisterwerk „Wunderbare Reise des kleinen Nils Holgerson mit den Wildgänsen". Erinnern sie sich daran, dass der unausstehliche Junge von einem Wichtelmännchen verzaubert wurde, damit er auf die Reise gehen konnte?

In Selma Lagerlöfs Erzählwerk verbindet sich Übernatürliches und Mystisches mit einer tiefen Einsicht in das Wesen und in die Gefahren christlicher Frömmigkeit. Ihr Roman „Jerusalem" ist die einfühlsamste dichterische Beschreibung christlichen Sektierertums, die ich kenne. Und ihre „Christuslegenden" sind Meisterwerke christlicher Erzählkunst.

In Deutschland ist die märchenhafte Jugendliteratur dagegen ein eher schmales Rinnsal, verglichen mit England oder Schweden. Eines der wenigen älteren Beispiele ist ein recht gelungenes „Remake" von Nils Holgerson, nämlich die „Wunderbare Fahrten und Abenteuer der kleinen Dott" von Tamara Ramsey. Kräftig gezaubert wird in „Peterchens Mondfahrt" (und in dem weniger bekannten Märchen „Prinzessin Huschewind") von Gerdt Bernhard von Bassewitz-Hohenluckow (1878 bis 1923). Allerdings zaubern in seiner Geschichte nicht die beiden Kinder Peterchen und Anneliese, sondern Märchenfiguren und personifizierte Naturmächte: das Sandmännchen, die Sternchen und die Morgenröte.

Fast das einzige verbreitete moderne Beispiel für solche märchenhafte Literatur sind die Werke des bekennenden Esoterikers Michael Ende.

Lange vor Harry Potter produzierte die englische Fantasy-Tradition zahlreiche Bestseller für Kinder und prägte Generationen junger Leserinnen und Leser. Am Anfang dieser Tradition steht im 19. Jahrhundert „Alice im Wunderland" von dem verspäteten Romantiker Lewis Caroll. Dann folgt am Beginn des 20. Jahrhunderts die Sozialistin und kämpferische Frauenrechtlerin Edith Nesbit mit Kinderbuch-Klassikern wie „Die Kinder von Arden" und „Psammy sorgt für Abenteuer".

Die christlichen Narnia-Bücher von C.S.Lewis, die quasi-christliche Erzählung „Der kleine Hobbit" von J.R.R. Tolkien und die im Wesentlichen unreligiösen Harry Potter-Bücher gehören alle in direkter Linie in diese Erzähl-Tradition. Joanne K. Rowling sagt von sich selbst, dass sie sich mit Edith Nesbit stärker identifiziert als mit irgendeiner anderen Autorin.

Wenn man die Geschichten um Harry, Bilbo und Frodo in diese lange Reihe magisch-märchenhafter Erzählungen stellt, wirken sie kaum mehr als etwas Besonderes. Man tut sich schwer, die Aufregung vieler Christen um sie zu verstehen.

Noch ein Beispiel: Da gibt es die in den Siebziger- und Achtzigerjahren des 20. Jahrhunderts spielenden Erzählungen der amerikanischen Autorin Madleine L'Engle, die es ähnlich wie C.S.Lewis schafft, klare christliche Bezüge in ihre Jugendromane einzubauen. Das bekannteste Werk ist wohl „Die Zeitfalte". Die alte Dame ist praktizierendes Mitglied der Episcopal Church und bekennt sich in Interviews überzeugend zu ihrem Glauben. Aber sie wagt es auch, Anleihen bei der Esoterik und bei anderen Religionen zu machen, um ihre Fantasiewelten zu gestalten. Daher nimmt „Die Zeitfalte" in den Listen der Bücher, die in den USA am häufigsten aus Schulbibliotheken und Gemeindebüchereien verbannt werden, einen vorderen Platz ein (je nach Liste zwischen Platz 10 und 20). In unübertrefflicher Ignoranz und Arroganz wird Madleine L'Engle in den USA landesweit von Christen der Förderung der Esoterik und der New-Age-Bewegung beschuldigt. Prominente Evangelikale wie Charles Colson setzen sich zwar für sie ein, aber das hilft nichts. Gegen das dumpfe Vorurteil der Leute, die sich für Verteidiger des christlichen Glaubens halten, wenn sie bücherschreibende Mitchristen niedermachen, ist offenbar kein Kraut gewachsen. Ich wünsche mir, dass deutsche Kritiker der Fantasy-Literatur (bevor sie Tolkiens oder Rowlings Werk angreifen, weil diese gerade populär sind) einen Blick auf die Listen der in den USA verbannten Bücher werfen. Im Internet ist das kein Problem, sofern man Englisch kann. Ich hoffe, sie werden dann ebenso wie ich vom Entsetzen darüber gepackt, welche Bücher man dort mit der Begründung verurteilt,

> *Ich kann nur hoffen, dass es uns gelingt, diesseits des Atlantiks einen Amoklauf christlichen Pharisäertums gegen die menschliche Fantasie zu verhindern.*

sie seien unmoralisch, unchristlich oder gar dämonisch belastete Lektüre. Ich will nur erwähnen, dass das „Tagebuch der Anne Frank" auch auf diesen Listen steht, allerdings nicht wegen Okkultismus, sondern wegen anstößiger sexueller Offenheit. „Huckleberry Finn" von Mark Twain wird wegen seines angeblichen Rassismus verworfen, Grimms Märchen wegen ihrer Unmoral.

Das Ziel der Fantasie: Staunen lernen

Außer ihrem Charakter als Protest gegen die allzu platte Rationalität der modernen Welt haben fantastische Kinderbücher und der Okkultismus in Wirklichkeit nicht viel gemeinsam. Das grandiose Fantasy-Epos „Der Herr der Ringe" des praktizierenden Katholiken R.R.Tolkien wurde zwar zur selben Zeit populär wie die New-Age-Bewegung, weil beide der Protestbereitschaft junger Menschen der Siebziger- und Achtzigerjahre entgegenkamen. Aber sie führen in ganz verschiedene Richtungen. Was hat der Opfergang von Frodo dem Halbling mit der Esoterik und ihren zahllosen Pseudo-Techniken zur Alltagsbewältigung zu tun? Dass in der Welt von Mittelerde Magie vorkommt, macht die praktische Magie der Okkultisten nicht automatisch glaubwürdiger. In diesem Fall tritt wohl in aller Regel das Gegenteil ein. So mächtig wirkt das Epos vom selbstlosen Gang in die Dunkelheit, von Mut und Angst, von Treue und Verrat auf Fantasie und Herz der Leser, dass billige Heilsrezepte aus der Esoterik daneben so alt aussehen, wie sie sind.

Es war eben J.R.R. Tolkien, der Autor von „Der Herr der Ringe", der für die urmenschliche Fähigkeit der poetischen Weltkonstruktion das Wort „subcreation" prägte, also „Unterschöpfung". Für ihn ist der Mensch ein Geschöpf Gottes, dem als ein Zeichen seiner Gottebenbildlichkeit die Fähigkeit verliehen wurde, mit seiner Vorstellungskraft sekundäre, abgeleitete Welten zu erschaffen.

Sie sind sekundär, weil sie immer aus dem Material der ersten, der göttlichen Schöpfung bestehen. Der menschliche Geist kann nur schöpferisch sein, indem er die Gedanken Gottes nachdenkt. Die vom menschlichen Geist erzeugten Fantasiewelten – vor allem wenn sie bessere Poesie sind als Dagobert Duck und Gundel Gaukelei – haben sehr wohl etwas mit der Realität zu tun, aber im Sinn einer Symbolisierung, Verfremdung und bildhaften Verschlüsselung der von uns Menschen erfahrenen Wirklichkeit. Sie sind Märchen, und Tolkien verstand auch sein eigenes Werk so. In ihnen rücken menschliche Grunderfahrungen in einen größeren Abstand und können besser wahrgenommen werden, nicht mit dem analysierenden Verstand, sondern mit dem neugierigen und staunenden Herzen.

Der Vollständigkeit halber sei angemerkt, dass die meiste fantastische Literatur nicht aus abgerundeten, in sich geschlossenen Unterschöpfungen besteht wie das Werk von Tolkien selbst. Oft existieren Alltagswelt und Fantasiewelt in der Erzählung nebeneinander, zum Beispiel bei von Bassewitz-Hohenluckow und bei C.S. Lewis. Dann wechseln die Helden von der einen Welt in die andere, die eine Welt illustriert und erklärt die andere, und eine „Moral von der Geschicht" ist gut unterzubringen. Dass C.S. Lewis, der mit seinen Narnia-Geschichten im Unterschied zu Tolkien eine deutliche pädagogische Absicht verfolgte, diese Form wählte, leuchtet ein. Viele andere Erzählungen spielen in der Alltagswelt, aber etwas Seltsames, Unerhörtes oder Magisches bricht in diese Welt ein und bringt die fantastische Geschichte in Gang. Von diesem Typ sind die Bücher Edith Nesbits und Madeleine L'Engles, ebenso wie „Nils Holgerson".

Joanne K. Rowling wählt für ihren Harry Potter ein originelles, aber schwieriges Konstruktionsprinzip: Bei ihr existieren die Welt der Zauberer und die Welt der Nicht-Zauberer, der Muggles, nicht nur nebeneinander her, sie hängen miteinander zusammen. Die moderne Kultur mit ihren Telefonen und Autos wird von einer verborgenen Subkultur durchdrungen, in der sich die Minderheit der Zauberbegabten bewegt. Harry lebt in beiden Welten, aber ähnlich wie bei C.S. Lewis reift er in der Zauberwelt heran, und seine Erfahrungen in der Muggle-Welt illustrieren diese Entwicklung.

Möglicherweise trägt das trickreiche Konstruktionsprinzip dieser Geschichten sowohl zu ihrem großen Erfolg, als auch zu dem Okkultismus-Verdacht gegen sie bei. Sicherlich ist es für Kinder nicht so einfach zu durchschauen wie die geschlossene „subcreation" von „Der kleine Hobbit" oder die Parallelwelten von Narnia. Aber das Konstruktionsprinzip für die Welt der „Brüder Löwenherz" wurde von Astrid Lindgren noch versteckter angelegt und dürfte kindliche Leser tatsächlich manchmal verwirren. Es würde zu weit führen, darauf einzugehen. Das macht solche Geschichten vielleicht für junge Kinder weniger geeignet, aber sicherlich nicht zu schlechter Literatur.

Die entscheidende Frage, warum Fantasiegeschichten und Märchen gut für Kinder sind, wird immer noch am besten von Gilbert Keith Chesterton beantwortet. Der streitbare Katholik und Schöpfer des unsterblichen Detektivs Pater Brown führt „viele edle und gesunde Prinzipien" an, die im Märchen gelten: „Da gibt es die ritterliche Lehre aus ‚Hans der Riesentöter', die Lehre, dass Riesen umgebracht werden müssen, weil sie Riesen sind. Hier haben wir ein mannhaftes Aufbegehren gegen den Stolz als solchen… Sodann gibt es die Lehre aus ‚Aschenputtel', die identisch mit der des Magnifikat ist – exaltavit humiles. Es gibt die große Lehre aus ‚Das singende, springende Löweneckerchen', dass man schon lieben muss, bevor das Geliebte liebenswert ist. Es gibt die schreckliche Allegorie von ‚Dornröschen', die uns schildert, wie das menschliche Wesen mit allen geburtstäglichen Gaben versehen und doch zum Tode verdammt war und wie dennoch selbst der Tod sich zu einem bloßen Schlaf sänftigen lässt."

Der beliebte (und beleibte) englische Apologet des christlichen Glaubens hatte Recht: In Volksmärchen, besonders in der poetisch aufgebesserten Form der Brüder Grimm, wird der Fantasie bildhaft verschlüsselte Einsicht in die Bedeutung des Menschseins vermittelt. Er hat auch Recht, wenn er die Anziehungskraft der Märchen (und der Fantasy-Literatur) mit dem „elementaren Staunen über das Wunder der Welt" erklärt. Die Unterschöpfungen, die wir in unserer poetischen Vorstellung bilden, bringen uns zum Staunen über die Schöpfung Gottes. Christen, die ihre Bibel lieben, sollten darüber Bescheid wissen, dass wesentliche Botschaften über Gott, die Welt und das Leben sich in Geschichten oft besser vermitteln lassen als mit abstrakten Lehren. Schließlich hat Jesus Christus selbst aus dem Stand heraus, ohne dass es dafür literarische Vorbilder gab, eine eigene Literaturgattung zu diesem Zweck geschaffen: das neutestamentliche Gleichnis.

Die Bibel ist voll von Zeugnissen einer uralten, großartigen Erzählkunst. Die Geschichte der Hexe von En-Dor ist nur ein Beispiel. Denken sie an das Buch Jona und seine umwerfend komischen Szenen, an die Fahrt der Arche über das endlose Wasser der Sintflut, an Samson, der den Löwen erwürgt und den Tempel zum Einsturz bringt, an Belsazar und die Zeichenschrift an der Wand. Die Szenen und Bilder bleiben haften, bereichern und belehren, wie theologische Sätze es niemals könnten, weil sie uns zum Aufmerken und Staunen bringen.

Wir wollen noch einmal auf Chesterton hören: „Beweis dafür ist, dass wir in ganz jungen Jahren keine Märchen brauchen: Wir brauchen einfach nur Geschichten. Das Leben als solches ist interessant genug. Ein siebenjähriges Kind ist begeistert, wenn man ihm erzählt, dass Fritzchen eine Tür aufmachte und einen Drachen erblickte. Ein dreijähriges Kind dagegen ist schon begeistert, wenn man ihm erzählt, dass Fritzchen eine Tür aufmachte. Kinder mögen romantische Geschichten; Kleinkinder aber mögen realistische Geschichten – weil sie ihnen romantisch erscheinen. Tatsächlich dürfte, wie ich vermute, einzig und allein ein Baby aufgelegt sein, sich einen modernen realistischen Roman anzuhören, ohne vor Langeweile zu sterben." (Alle Zitate stammen aus „Orthodoxy" und folgen der Übersetzung der Ausgabe des Eichborn-Verlags 2000.)

Nun gibt es erstaunlicherweise Leute, die moderne realistische Romane freiwillig lesen. Aber noch viel mehr lesen Fantasy-Literatur. Tolkiens eigenes Epos „Herr der Ringe" hat zahllose Leserinnen und Leser zutiefst bewegt, ebenso „Beowulf" oder George McDonalds Romane „Lilith" und „Fantastes". Und wer könnte Eichendorffs „Aus dem Leben eines Taugenichts" lesen, ohne dass Sehnsüchte und Träume geweckt würden?

Aber dieser Reiz hängt gerade daran, dass man als Autor und als Leser weiß, dass es sich um Weltkonstrukte handelt, mit denen man geistig und sprachlich spielen kann und spielen darf. Wir finden unsere tiefen Erfahrungen in den poetischen Anderwelten wieder, weil wir die Grundmuster des Menschseins in der Verfremdung besser erkennen können – zumindest wenn wir wie Chesterton gerne Märchen und Fantasy-Literatur lesen. In dem

Moment, in dem man die Fantasiewelt mit der Realität verwechselt, geht dieser Reiz verloren.

Ein Leben wie das des Eichendorffschen Taugenichts wäre in der Wirklichkeit der Welt, wie sie ist, nicht nur unmöglich, sondern völlig unerträglich. Der Taugenichts würde, hätten wir mit ihm im Berufs- oder Familienleben zu tun, wirklich zu nichts taugen. In der romantischen Novelle taugt er aber zu etwas Wichtigem, nämlich uns zu erfreuen und uns eine Grundwahrheit des Lebens vor Augen zu führen.

Wir finden unsere tiefen Erfahrungen in den poetischen Anderwelten wieder, weil wir die Grundmuster des Menschseins in der Verfremdung besser erkennen können. In dem Moment, in dem man die Fantasiewelt mit der Realität verwechselt, geht dieser Reiz verloren.

Hexerei und Magie in unserer Alltagswelt sind ein Symptom für menschliche Schwäche, Dummheit und Verirrung. Das muss in einer Fantasiewelt nicht ebenso sein – solange diese Welt in sich stimmig bleibt. Das kann sie aber nur, wenn sie für sich bleibt, wen sie Unterschöpfung bleibt und sich nicht anmaßt, Schöpfungserkenntnis zu sein. Die Malerei der Renaissance und des Barock, ebenso die Literatur dieser Epoche, ist zum Beispiel voll von Szenen aus der griechischen Mythologie. Die erotischen Abenteuer des Göttervaters Zeus wurden ebenso genüsslich von Barockmalern auf die Leinwand gebannt wie das tragische Schicksal des Prometheus.

In gewissem Sinn lieferten die Götter- und Heldensagen der Antike die populäre Fantasy dieser Epoche. Hätten die Menschen des Barock an die griechischen Götter geglaubt oder sie gar verehrt, wäre diese Kunst nicht möglich gewesen. Die Oberschicht einer christlichen Kultur gab damals ihren Sehnsüchten und Ängsten in der Bilderwelt der griechischen Mythologie Ausdruck, eben weil es nicht die Mythologie ihrer eigenen Religion war. Einen Gott, an den man sich im Leben und Sterben halten will, kann man nicht als poetisches Material behandeln. Mit einer Geschichte, deren Wahrheit Grundlage der eigenen Hoffnung ist, spielt man nicht in der Fantasie herum.

Eine Ideen- und Bilderwelt kann nur eines von beidem sein: entweder Poesie, also etwas vom Menschen für den Menschen Gemachtes, oder Religion bzw. Ideologie, also Grundlage und

Richtschnur für das Leben. Magie ist entweder eine lustige Betätigung der Gundel Gaukelei und eine gruselige Betätigung der bösen Stiefmutter in „Schneewittchen" in einer Geschichte, oder sie ist ein unappetitlicher Lebensunterhalt für Titania Hardie, aber nicht beides auf einmal.

Eine weitere pädagogische Regel für den Umgang mit Fantasy-Literatur, mit Pokémon und Harry Potter ergibt sich daraus von selbst. Sie lautet: Zauberei macht nur Spaß, wenn sie Fantasie ist! Mit den Produkten der Fantasie-Industrie ist so umzugehen, dass den Kindern und Jugendlichen dieser Grundsatz deutlich wird, dass sie ihn erleben und verinnerlichen. Kinder und Jugendliche müssen spielen können, wenn sie sich gesund entwickeln sollen, nicht nur mit Tennisschlägern und Modellflugzeugen, sondern mit Ideen, Bildern und Fantasien. Daher könnte man die obige Regel auch so formulieren: Zauberei ist ein Spiel und muss ein Spiel bleiben. Wenn sie zu ernst genommen wird, oder wenn sie Angst macht, hört der Spaß auf.

> *Kinder und Jugendliche müssen spielen können, wenn sie sich gesund entwickeln sollen, nicht nur mit Tennisschlägern und Modellflugzeugen, sondern mit Ideen, Bildern und Fantasien.*

Produkte, die es leicht machen, diese Regel anzuwenden, sind (bei gleicher literarischer und moralischer Qualität) für den jugendlichen Konsum zu bevorzugen. Bücher sind besser als Filme, weil sie der Fantasie mehr Raum lassen. Wenn es ein Film sein muss, ist „Shrek" viel besser als scheinbar realistische Abenteuer- und Heldenfilme wie „Independence Day" und „Mission Impossible". Der märchenhafte Charakter der imaginären Welt wird bei „Shrek" nicht versteckt. Da man sich als pickeliger Jungspund mit einem grünen Oger nicht so leicht identifizieren kann wie mit dem idealisierten Abziehbild eines US-Präsidenten, werden egozentrische Heldenfantasien von Shrek weniger direkt bedient als von „Independence Day". Wenn es ein Buch sein darf, sind Grimms Märchen besser als die Pokémons, weil sie fantastischer sind. Die „Lustigen Taschenbücher" sind besser als „Sailor Moon", weil sie bizarrer sind und weniger einem pubertären Tagtraum ähneln. Nebenbei gesagt: „Nils Holgerson" und „Der Herr der Ringe" sind noch viel besser, denn es ist ein Merkmal großer Dichtung, dass sie sich nicht für selbstsüchtige Tagträume missbrauchen lässt.

Spielen ist Arbeit, Lesen ist Arbeit

Lesestoff, Filme, Bilder und Geschichten werden von Kindern und Jugendlichen wie auch von Erwachsenen aktiv verarbeitet, nicht passiv aufgenommen. Maßgebend dabei sind die Wünsche, Sehnsüchte, Ängste und die Suchbewegungen, die Geist und Seele des hörenden, lesenden, schauenden Menschen vorgeben. Manche Mahner haben viel zu simple Vorstellungen von der Wirkung, die Literatur, Fernsehen und Bilder aus dem Internet auf Jugendliche ausüben. Sie stellen sich die Rezeption so vor, dass Ideen, Überzeugungen und moralische Werte dabei mit einer Art Nürnberger Trichter in den Menschen eingefüllt werden. Weil in den Harry-Potter-Geschichten die Zauberei funktioniert, glaubt man nach dem Lesen dieser Geschichten, dass Zauberei funktioniert.

Weil sich die Mondprinzessin Serenity in Sailor Moon reinkarniert, glaubt man nach dem Betrachten von hinreichend vielen Animes an Reinkarnation.

Weil ein Wichtelmännchen den ekligen Nils verwünscht, glaubt man nach dem Lesen an Wichtelmännchen und an Verwünschungen.

Weil in „Peterchens Mondfahrt" Naturgeister vorkommen, glaubt man danach wieder an Donar, Wotan, Baldur und Loki und fällt der Werbung der Neugermanen zum Opfer.

Die beiden letzten Befürchtungen, die im Unterschied zu den beiden ersten meines Wissens niemand hat, führen die Vorstellung vom Geschichtenlesen als weltanschaulichem „Nürnberger Trichter" ad absurdum. Sie lässt außer Acht, dass das Erzählen von erfundenen Geschichten zum Menschen gehört wie das Malen von Bildern und das Abknabbern der Fingernägel. Trotzdem haben Geschichten unter anderem die Eigenschaft, die Wahrnehmung der Realität mit zu formen, nämlich wenn sie uns Antworten auf Fragen geben, die uns in der Realität beschäftigen.

Die biblischen Gleichnisse sind ein schlagendes Beispiel, weil sie auf zentrale Fragen des Glaubens zielen, die durch überraschende Wendungen in der Erzählung beantwortet werden und durch ein literarisches Aha-Erlebnis im Gedächtnis bleiben. Daher ist aus christlicher Sicht bei „Sailor Moon" nicht das Problem, das dort gezaubert wird. Das Problem kann sein, dass die Reinkarnationsideen, die in der Geschichte eine Rolle spielen, später als ernst gemeinte Antwort auf Lebensprobleme wieder auftauchen – nicht in einem Comic, sondern in esoterischer Lebenshilfe-Literatur, oder in einer Reiki-Sitzung gegen Migräne. Klingen diese Antworten für ein Mädchen mit 18 Jahren wahrscheinlicher, wenn es mit 13 Jahren „Sailor Moon" verschlungen hat?

> *Das Erzählen von erfundenen Geschichten gehört zum Menschen wie das Malen von Bildern und das Abknabbern der Fingernägel.*

Darauf gibt es keine pauschale Antwort, aber es kann sicherlich so sein.

Eine Geschichte allein hat diesen Effekt wohl selten. Aber wenn Kinder und Jugendliche mit Fantasiewelten überschüttet werden, die alle Reinkarnation als selbstverständlich voraussetzen, wirkt sich das auf das Weltbild aus. Allerdings ist das vor allem dann der Fall, wenn die Wirkung unterschwellig bleibt, wenn sie nicht spielerisch verarbeitet werden kann, und wenn sie nicht bewusst diskutiert und geprüft wird. Daher sollte man sich die Mühe machen, in der Familie oder in der Schule auf solche wiederkehrenden Weltbild-Elemente in der Lektüre und im Bildschirm-Konsum der lieben Kleinen zu achten. Wenn man sie mit den Kindern als Spiel behandelt, wenn man darüber spricht, wenn man das Für und Wider diskutiert, kann man den Grundsatz zur Geltung bringen: Spaß macht das nur, solange es Fantasie ist! Wenn man nicht darüber spricht, hat das imaginäre Dauerfeuer seine Wirkung.

Natürlich tritt das Problem nur dann auf, wenn überhaupt die Möglichkeit besteht, dass Konstruktionselemente fantastischer Geschichten wie Reinkarnation oder Zauberei einem im späteren Leben als ernst gemeinte Überzeugung begegnen. Dass das heute der Fall ist, stellt den wichtigsten Unterschied zur Zeit vor der New Age- und Esoterik-Bewegung dar.

Das Problem des pädagogischen Umgangs mit den Harry Potter-Geschichten wäre schnell gelöst, gäbe es in unserer Kultur

Familien, die sich am meisten Sorgen über die Wirkung von Fantasy-Geschichten machen, sind diejenigen, die eigentlich am wenigsten Grund dazu haben.

nicht Leute, die tatsächlich (wenn auch in anderer Form als der gute Harry) meinen, man könne Magie lehren und lernen, und die noch dazu eine relativ positive Presse haben. Daher sind die Familien, die sich am meisten Sorgen über die Wirkung dieser Geschichten machen, diejenigen, die am wenigsten Grund dazu haben. Mit hoher Wahrscheinlichkeit sind es solche, deren Familienkultur den praktischen Okkultismus nicht fördert.

Fantasy ist, scheidet man Schund und okkulte Propaganda aus, eher eine Chance als eine Schwierigkeit für die christliche Pädagogik. Es gibt keine bessere Vorbeugung gegen den ernst gemeinten Okkultismus, als wenn es gelingt, Hexen und Zauberer, Magie und Hellseherei, Naturgeister und Elfen dauerhaft in die Welt der Fantasie anzusiedeln und sie den Kindern als Spielmaterial für ihre Vorstellungskraft zu überlassen. Ich kenne keine einschlägigen Untersuchungen, aber ich bin davon überzeugt, dass die Jugendlichen, die viel Fantasy lesen und sich im Land der Fantasie auskennen, in aller Regel wenig Neigung zum Gläserrücken und Pendeln verspüren. Die Träume, die Sehnsüchte des Herzens, müssen für das Leben fruchtbar gemacht und dürfen nicht unterdrückt werden. In der Regel lesen unsere Jugendlichen nicht zu viel Fantasy, sondern zu wenig – weil sie überhaupt zu wenig lesen und sich viel zu viele unverdauliche Bilderfolgen hineinziehen.

Heraus kommt ein magisches Telefon

Wie schneiden die Harry Potter-Geschichten ab, misst man sie an dem Kriterium, dass das Produkt umso besser ist, je leichter es sich als Fantasie verwenden lässt, und je weniger es mit der Lebenswelt der Kinder und Jugendlichen verwechselbar ist? Nicht schlecht, aber dazu müssen wir einen Blick auf diese Geschichten werfen. Sie handeln von einem bedauernswerten Waisenkind, das bei sich wirklich ekelhaft verhaltenden Verwandten aufwächst. Der kleine Harry besitzt von seiner Abstammung her

Zauberkraft, die von den Verwandten gehasst und gefürchtet wird. Aber Freunde seiner toten Eltern sorgen für ihn: Er bekommt einen Platz in der Zauberschule Hogwarts und lebt künftig in zwei Welten, in der von Zauberern und der von „Muggles" – den ganz gewöhnlichen Menschen. Er erlebt zahlreiche Abenteuer, in denen er die Kräfte des Bösen bekämpft. Die werden von einem selbstsüchtigen, nur an Macht interessierten Magier verkörpert. Kameradschaft, Mut, Liebe und Treue spielen dabei eine wichtige Rolle.

Was die einfühlsame Darstellung von gut und böse in einer kindgerechten Form angeht, lassen die Geschichten um Harry Potter keine Wünsche offen. Die moralinsaure Kritik des schon erwähnten Abanes liegt völlig neben der Sache. Er verdammt die Harry Potter-Geschichten nämlich (und damit ist er nicht allein) außer wegen der angeblichen Verführung zum Okkultismus deswegen, weil der jugendliche Held sich nicht immer vorbildlich verhält, weil er in der Schule Regeln bricht und gegen seine Muggle-Pflegeeltern Streiche ausheckt. Dann müsste der Autor jedoch Pippi Langstrumpf noch vor Harry Potter in Acht und Bann tun, denn bei der sommersprossigen Göre mit den magischen Muskeln ist Ungehorsam gegen Erwachsene Programm. Astrid Lindgren schrieb diese Geschichte bekanntlich für ihre eigene Tochter, die krank im Bett lag. Was hat sie sich und dem Mädchen da angetan – hat sie ihr eigenes Kind zu Ungehorsam verführt?

Natürlich ist das Gegenteil der Fall. Der Spaß an der unmöglichen Pippi macht Kindern das Einhalten von Regeln im Alltag leichter. Wenn es dagegen nach Richard Abanes ginge, könnte man nur Benimmbücher als Literatur für Kinder akzeptieren – aber die würde niemand lesen. In Wirklichkeit ist der wuselige Harry Potter, gerade was seine fragwürdige Moral angeht, realistisch gezeichnet, so wie Jungen eben sind. In anderer Hinsicht ist Harry dagegen eine idealisierte Figur. Sein Mut und sein Scharfsinn übersteigen alles, was bei einem angehenden Teenager möglich wäre. Und sein Glück ist im wörtlichen Sinn märchenhaft, der Zauberlehrling wird von günstigen Zufällen geradezu verfolgt.

Harrys Verhältnis zu Hausordnungen und Hausaufgaben ist dagegen jederzeit und allerorten bei unseren eigenen Kindern auffindbar. Das muss so sein, wenn der Held nicht nur bewundernswert, sondern sympathisch sein soll. Die Autorin hat ihren Harry gut konstruiert: Edel und mutig genug, um ihn bewundern zu können, aber auch wie du und ich, um ihn sympathisch zu finden, gefährdet genug, um mit ihm mitzufiebern, wenn es hart auf hart geht, erfolgreich genug, um beim Lesen zum Tagträumen angeregt zu werden: „Wie wäre es, wenn ich...?"

Zufällig kam Joanne Rowlings Erfolg also nicht zustande. Christliche Literatur sind die Geschichten nicht, aber sie sind gut gemacht. Leider ist es bei manchen Kinderbüchern umgekehrt.

Von ihrer Struktur her sind die Geschichten um Harry Potter, so weit sie bisher vorliegen, ein Entwicklungs-Märchen in geplanten sieben Fortsetzungen. In ihm verbinden sich mehrere Entwicklungsthemen zu einer gelungenen Einheit. Da ist das Thema des „hässlichen Entleins", das sich zum Schwan wandelt: Harry wird vom elenden Waisenkind zum Helden von Hogwarts. Da ist das Thema von Fremdheit und Heimat, die Frage danach, wo der Mensch zu Hause ist. Da ist das Thema der „Reise des Helden", die Erkenntnis, dass man wandern muss, um heim zu finden.

Im vierten Band, „Der Feuerkelch", schließlich klingt das Thema des selbstlosen Opfers an, das Leben schafft: Ein Mitschüler stirbt bei der Bekämpfung des bösen Magiers Voldemort, und seine Familie trauert um ihn. Ob dieses Motiv eine kindliche Leserschaft nicht überfordert, könnte man sich durchaus fragen. Die Grenze, ab der existenzielle Ängste geweckt werden, wird hier zumindest für jüngere Kinder wohl bereits überschritten. Denn nicht nur Harry, sondern auch die Erzählung entwickelt sich weiter. Die Bände vier und fünf sind bei weitem nicht mehr so sehr auf die vorwiegend kindliche Verarbeitung abgestellt wie der erste.

Aber da gibt es ja auch die Zauberer und Hexen, die eine magische Subkultur bevölkern, und deren Zaubereien (wenn man zu den Zauberfähigen gehört) gelernt werden können wie das Einmaleins und Integralrechnung. Damit haben viele Christen ihre Schwierigkeiten. Eine direkte Anleitung zum Okkultismus gibt die Erzählung jedoch auf keinen Fall. Die Zaubersprüche Harrys und seiner Freunde haben mit dem, was die Esoterik-Szene praktiziert, nichts zu tun. Es sind auf komische Effekte angelegte, verballhornte Lateinfragmente. Das Vorbild dafür scheint die Gelehrten-Magie

Harry Potter und der „Herr der Ringe" 111

der Renaissance zu sein, wie sie zum Beispiel in den Faust-Legenden weiterlebt. Das lässt sich jedoch nur von Experten an einigen Bezügen zu historischen Daten erkennen. Praktisch anfangen kann (und soll) man als Leser damit nichts.

Umso praktischer ist die Zauberei in Harrys Welt. Sie zielt nämlich nicht auf das Übernatürliche, sondern auf die Bewältigung des Alltags. Statt E-Mails gibt es die Eulenpost, statt der S-Bahn einen Ortswechsel per Kamin (der genauso durch technische Defekte gestört wird wie die S-Bahn). Die moderne wissenschaftliche Technik der Muggles und die moderne Zauber-Technik der Magier erfüllen in den beiden Teilkulturen dieselben Funktionen und werden auf dieselbe Art und Weise gelernt. Es gibt sogar einen sympathischen Zauberer, der Autos und Telefone als Kuriosa studiert, so wie unsere Volkskundler an der Universität alte Zaubersprüche studieren.

Die Zauberei der Harry-Welt ist nicht übernatürlich, sondern technikförmig. Zum Beispiel schneidet die Wahrsagerei schlecht ab, weil sie zu mystisch ist. Der Schulleiter von Hogwarts spöttelt über die dafür zuständige Lehrkraft, da sich die Zahl ihrer echten Vorhersagen über viele Jahre hin höchstens auf zwei beläuft. Und Harrys maßlos strebsame Freundin Hermione wählt das Fach Wahrsagerei schließlich ab, was in Hogwarts Welt ein vernichtendes Urteil bedeutet.

Die Erzählungen bieten zahlreiche deutliche Hinweise darauf, dass Rowlands von einer Fantasiewelt berichtet, um die pädagogische Forderung nach „Spieleignung" zu erfüllen. Es handelt sich um moderne Märchen, die auch deshalb modern sind, weil sie (anders als bei Selma Lagerlöf oder Madleine L'Engle) unreligiös sind. Weder in der Welt der Zauberer noch in der Muggle-Welt gibt es Religion. Von daher werden weder richtige noch falsche religiöse Antworten suggeriert.

Abgesehen davon – das Beispiel von Madleine L'Engle zeigt, dass christliche Bezüge die Autorin nicht vor Kritik aus der christlichen Ecke gerettet hätten. Alles in allem gibt es keine Berechtigung für die Verdächtigungen, die sich gegen diese Bücher richten. Im Gegenteil, ich meine, dass sich viele der Bücher-Verbanner an der Autorin schuldig machen und anderen Menschen den Weg zum Evangelium versperren, weil sie ein abschreckendes Beispiel der Lebensfeindlichkeit und Gesetzlichkeit bieten.

Das pädagogische Problem, das im Umgang mit den Büchern besteht, liegt (wie schon erwähnt) in der Tatsache, dass es praktizierende, erwachsene Magier und Hexen gibt, oder immerhin Leute, die sich ernsthaft dafür halten. Diese versuchen, an den Erfolg der Bücher anzuknüpfen und die Begeisterung für ihre Eigenwerbung zu benutzen. Ebenso gilt das für die bloßen Absahner, wie die Macher des Magazins „Witch". Die Trennung zwischen Fantasiewelt und Lebenswelt ergibt sich daher für Kinder und Jugendliche nicht mehr automatisch, sie muss gezielt gefördert werden. Es lohnt sich, das zu tun, denn man verhindert damit nicht nur den Missbrauch, sondern man hilft den Kindern zu einer lebendigen Fantasie und zu einer Fähigkeit, die sie dringend benötigen, nämlich zum aktiven Spielen.

Die Trennung zwischen Fantasiewelt und Lebenswelt ergibt sich heutzutage für Kinder und Jugendliche nicht mehr automatisch, sie muss gezielt gefördert werden.

Um nicht missverstanden zu werden: Die Besorgnis unter Christen, die sich und ihre Kinder von den lebensfeindlichen Kräften der modernen Gesellschaft bedroht fühlen, ist berechtigt. Aber sie wird von den christlichen Anti-Okkultisten gegen die falschen Gegner gerichtet, sodass die eigentlichen Gefahren aus dem Blick geraten. Was ist wahrscheinlicher, dass unsere Kinder durch das neue Heidentum unserer Kultur zu Okkultisten oder zu Anbetern des Mammon werden? Eben…

Was ist wahrscheinlicher, dass unsere Kinder durch das neue Heidentum unserer Kultur zu Okkultisten oder zu Anbetern des Mammon werden?

Und wenn man auch nur die geringste Ahnung davon hätte, was sich in der „schwarzen Szene" tut, müsste man sich eigentlich wie ein Idiot vorkommen, wenn man Jugendlichen von Harry Potter oder „Die Zeitfalte" abrät. Die Behauptung, das Lesen von Rowling- oder L'Engel-Büchern führe dazu, dass Jugendliche in den Satanismus geraten, ist so abwitzig wie die Behauptung, das Feiern von Weihnachten fördere den Rechtsradikalismus. Es gibt Sekten, die so etwas behaupten. Deswegen sind es Sekten.

Die Sorgen um den wachsenden Jugend-Okkultismus, um Hexen-Propaganda und um die schwarze Szene sind sehr wohl ernst zu nehmen. Mit der Vermeidung von Fantasy-Literatur erreicht man aber gar nichts. Sie ist im Gegenteil zur Vorbeugung gegen den Okkultismus zu nutzen, denn die Hexen und die Okkultisten unserer Lebenswelt lösen sich nicht auf, wenn wir Harry Potter verbannen. Sie bleiben wo sie sind, und eine Chance zur Vorbeugung ist vertan. Man hilft der Gefahr ab, wenn man liest, was Kinder gerne lesen (nicht bei allen ist das Harry Potter), und wenn man gemeinsam über Gott und die Welt und den eigenen Glauben nachdenkt, wenn man auf die Bibel hört und sich an die Geschichte Gottes mit unseren Müttern und Vätern (und deren Literatur) erinnert. Das haben wir in diesem Buch versucht.

Alles in allem betrachtet, ist die christliche Diskussion um Harry Potter und den „Herrn der Ringe" gerade dort, wo sie ernsthaft und aus echter Sorge geführt wird, jedoch eine entlarvende Demonstration der Schwäche, ja des Elends des westlichen Christentums. Wir sind meilenweit von der Kraft und Freiheit des Glaubens entfernt, die imstande wäre, „alles Denken gefangen zu nehmen in den Gehorsam gegen Christus"(2. Korinther 10,3-5). Im Gegenteil, wir leben in der Angst, unser christliches Denken würde von weltlichen Ideen gefangen genommen. Deshalb igeln wir uns ein, wir wollen nichts hören, was unsere Gedankenwelt nicht bestätigt. Wenn eine kindliche Romanfigur mit schwarzer Wuschelfrisur über unseren Gartenzaun schaut, schreien wir „Geh weg"!

Es gab einen christlichen Autor, Charles Williams, der den umgekehrten Weg ging. Er bemächtigte sich in seinen fantastischen Geschichten des Okkultismus und verlieh ihm eine neue Deutung. Er war ein Mitglied der losen Literatengruppe der „Inklings" in Oxford, zu der auch C.S. Lewis und Tolkien gehörten. Von ihnen wissen wir, dass Williams ein überzeugter und überzeugender Christ war. Er wurde wegen seines literarischen Urteils und seines theologischen Scharfsinns von den anderen Inklings bewundert. Eben dieser Charles Williams schrieb einen Roman, in der die arkanen Symbole des Tarot eine zentrale Rolle spielen mit dem Titel „Die Trumpfkarten des Himmels". Auch sonst bediente sich Williams für seine Geschichten aus den Beständen des zeitgenössischen Okkultismus mit übernatürlichen und jenseitigen Phänomenen. Niemand, der seine heute fast vergessenen Romane kennt, kann den Autor deshalb ernsthaft des Okkultglaubens verdächtigen. In seiner Erzählwelt erhalten die okkulten Praktiken eine tiefere Bedeutung, sie lassen sich eben nicht magisch nutzen, oder sie zerstören die Magier, die diesen Versuch machen. Nur Gott hilft und rettet – das ist die Botschaft der „okkulten Romane" des dritten und weithin unbekannten Inklings.

Aber vielleicht hat Charles Williams seine Erzählwelten den ernst gemeinten okkulten Ideensystemen allzu ähnlich gemacht, als dass sie hätten überdauern können. Er schreibt als Christ, aber er schreibt nicht mit der gleichen „märchenhaften" Fantasie und kreativen Größe wie die anderen Inklings. Daher mag es sein, dass seine Dichtung heute mit Recht vergessen ist. Selbst wenn wir seine literarische Leistung nicht uneingeschränkt bewundern, sein kreativer Mut ist bewundernswert. Williams würde sich als Schutzheiliger christlicher Fantasy-Autoren anbieten, wenn Schutzheilige noch in Mode wären. Es wurden schon Christen für kleinere Wunder heilig gesprochen, als sie Charles Williams mit der „Taufe" seines okkulten Erzählstoffs vollbrachte, der letztlich auf Christus hinweist. Denn wir hätten Schutzheilige bitter nötig.

Charismatiker können lange über die kommende Erweckung in Deutschland reden, Katholiken können lange von der Neuevangelisation Europas träumen: Wie soll das gehen, solange wir als Christen ein Leben im Dagegensein, in Ängstlichkeit und Schüchternheit führen? Die alte Kirche brachte es fertig, den Parthenon zu weihen. Wir bringen es nicht einmal fertig, ein paar Kinderbücher zu weihen. Ausnahmen gibt es, aber es sind zu wenige.

Charismatiker können lange über die kommende Erweckung in Deutschland reden, Katholiken können lange von der Neuevangelisation Europas träumen: Wie soll das gehen, solange wir als Christen ein Leben im Dagegensein, in Ängstlichkeit und Schüchternheit führen?

Wir sollten dankbar sein, dass sich der Geist Gottes unserer Schwäche erbarmte und uns Dichter wie die gar nicht professoralen Literaturprofessoren Tolkien und C.S. Lewis schenkte, die es uns vormachen, wie man nicht nur die Gedanken, sondern die Fantasie und die Herzen für Christus gefangen nimmt.

Wir sollten dankbar sein für eine Autorin wie Madleine L'Engle, die uns demonstriert, dass es aus den USA andere Literatur als Zeugnisse des christlichen Fanatismus zu übersetzen gibt. Dichterisch schreibt sie nicht auf dem Niveau von Lewis und Tolkien, auch nicht ganz auf dem von Rowling. Aber sie ist ein Lichtblick, was Glaube, Liebe und Hoffnung angeht.

Die bleibende Wirkung von G.K. Chesterton hängt (neben seinem unübertrefflichen Witz) damit zusammen, das der originelle englische Apologet von der christlichen Krankheit zum Tode, der Hoffnungslosigkeit, nicht befallen war. Er konnte das sagen, was wir alle sagen sollten: Wir lesen Märchen, in denen gezaubert wird, um über die zauberhafte Welt zu staunen. Wenn wir genug Märchen über goldene Äpfel und Siebenmeilenstiefel gelesen haben, fragen wir uns, welcher große Zauberer die rotbackigen Äpfel am Baum gemacht hat, und die Füße, die uns in ganz normalen Stiefeln von einem Baum zum andern tragen. Dann freuen wir uns mit unseren Kindern an Gottes Schöpfung und wenden uns zuversichtlich der Welt zu, in der wir leben.

TV und das WorldWideWeb

Ein wichtiges pädagogisches und seelsorgerliches Thema kann am Schluss dieses Kapitels nur noch kurz behandelt werden, weil es lediglich indirekt mit den Problemen von Okkultismus und Fantasy-Literatur zu tun hat: Der Umgang mit dem Bildschirm, mit verfilmter Okkult- und Esoterik-Propaganda und mit dem Internet.

Zur verfilmten Fantasy wurde schon einiges gesagt: Das bewegte Bild hebt, anders als das Wort, die Verfremdung des erzählten Stoffs erst einmal auf. Man braucht eine gewisse Reife und Differenziertheit des Denkens, um zu erkennen, dass die Bilderwelt ebenso ein menschliches Produkt ist wie die erzählte Geschichte. Darum stecken viele kleine Kinder die böse Hexe im Märchen locker weg, haben aber Albträume, wenn ihnen die böse Hexe im Fernsehen begegnet.

Außerdem braucht das Verarbeiten einer Geschichte Zeit.

Wenn immer neue Bilderfolgen rasch hintereinander durchs Gehirn flimmern, stumpft die Fantasie ab, und es bleiben nur simple Lusteffekte übrig, oder gar nur öde Ablenkung. Die schöne, neue Medienwelt überfordert die Fantasie unserer Kinder daher permanent. Unter ungünstigen Umständen kann es sogar so weit kommen, dass die Lebenswelt Züge der Medienwelt annimmt: Das Leben wird gleichgültig, austauschbar, konsumierbar, abstellbar.

Die Altersbegrenzungen in unseren Kinos hatten also früher durchaus einmal Sinn, aber inzwischen sind sie von der technischen Entwicklung zur Farce gemacht worden. Was hat es für einen Zweck, Neunjährige aus den Kinos fern zu halten, wenn zu Hause ein Videorekorder steht, der den ganzen Nachmittag völlig unbewacht ist, oder wenn das Kind am Samstagabend vor dem Bildschirm geparkt wird, damit es die Erwachsenen nicht stört?

Die Internet-Werbung von Okkultisten und Satanisten ist ja nur ein Teil eines viel größeren Problems. Stehende Bilder jeder Art sind schon jetzt per Mausklick im Internet verfügbar: Satansmessen auf Friedhöfen, ausgeweidete Opfertiere, blutig gepeitschte Kinderkörper, nackte Leiber im sexuellen Rausch, erotische Perversionen beliebiger Ungestalt, von Maschinengewehren niedergemähte Leichen, von Faustschlägen zerschmetterte Gesichter, Blut, Horror und apokalyptische Zerstörungen. Bald werden die bewegten Bilder ebenso leicht verfügbar sein.

Es lässt sich absehen, dass in spätestens zwei bis drei Jahren jeder neue PC über eine moderne Online-Verbindung Videosequenzen in DVD-Qualität aus dem Netz abspielen kann. Wie sollen unsere Kinder diese wahnwitzige Bilderflut verarbeiten? Gibt es eine andere pädagogische und seelsorgerliche Reaktion als Empörung und Abwehr?

Wenn wir eine Antwort versuchen wollen, müssen wir zuerst die Art der Frage klären. Denn wenn man lediglich von einem gravierenden Werteverfall, von einem moralischen Chaos im Netz ausgeht, greift man zu kurz.

Der Psychiater Horst Petri spricht in seinem Artikel „Frisst der Bildschirm unsere Kinder?" angesichts der heraufziehenden globalen Medienwelt mit Recht von einem zivilisatorischen Umbruch, von einem tief greifenden Wandel des gesellschaftlichen Gefüges (Mut 12/2001). In der Tat, die EDV-Technik verursacht

Harry Potter und der „Herr der Ringe"

eine zweite industrielle Revolution, sie verändert unsere Kultur im selben Ausmaß, wie es das 19. Jahrhundert durch die mechanisch-physikalische Technik erlebte. (Auch damals waren die Kinder die Leidtragenden.)

Es sind nicht in erster Linie die vom Fernsehen transportierten Inhalte, die uns tief greifend verändern, die kommen erst in zweiter Linie ins Spiel, sondern die Tatsache, dass es diese weltweit verzweigte Börse für Informationen und Meinungen gibt, und dass dort ungeheure politische und wirtschaftliche Macht konzentriert ist. Diese Macht wird ausgeübt „durch die sinnliche, kognitiv kaum zu verarbeitende Suggestivkraft der Bilder", die das Fernsehen zu einer „Bewusstseinsindustrie" machen (Horst Petri).

> *Es sind nicht in erster Linie die vom Fernsehen transportierten Inhalte, die uns tief greifend verändern, die kommen erst in zweiter Linie ins Spiel, sondern die Tatsache, dass es diese weltweit verzweigte Börse für Informationen und Meinungen gibt, und dass dort ungeheure politische und wirtschaftliche Macht konzentriert ist.*

Das gilt, wohlgemerkt, für die Erwachsenen ebenso wie für Kinder. Auch die Eltern sind kaum mehr imstande, sich durch bewusstes Bedenken der TV-Informationen ein von den global transportierten Meinungen unabhängiges Urteil zu bilden. Ihr Bewusstsein wird ebenso industriell produziert wie das ihrer Kinder. Solange wir diesen Sachverhalt nicht begriffen haben, brauchen wir über pädagogische Maßnahmen für den Umgang mit TV und Internet gar nicht erst zu reden. Wohin das alles führen wird, lässt sich nämlich derzeit noch nicht einschätzen. Es wäre unklug, den Propheten spielen zu wollen und Weisheiten zu verbreiten, die morgen bereits Makulatur sind.

Aber es lassen sich einige Hinweise geben, was jetzt schon in unseren Familien, in Schule und Jugendarbeit zu bedenken ist.

Erstens kommt es bei Kindergarten- und Grundschulkindern darauf an, dass die Flut der Medieneindrücke, sei es vor dem Fernseher, sei es vor dem PC-Bildschirm, inhaltlich und zeitlich begrenzt wird. Und es kommt darauf an, dass jemand da ist, um in dem bekannten Frage- und Antwortspiel zwischen Kind und Erwachsenem die Eindrücke zu sortieren, so weit das überhaupt noch möglich ist. Wenn sich ein 8 Jahre altes Mädchen „Independence Day" auf Video zu Gemüte führt (was nicht unbedingt sein muss), dann sollte es wenigstens nachher fragen können: „Du, Papa, gibt es die Aliens wirklich? Kann es sein, dass die uns kaputtmachen wollen?"

Und der Papa muss antworten können: „Ich glaube nicht, dass es sie gibt. Das ist nur Fantasie. Weißt du, ich glaube, die Aliens sind nicht unser Problem. Das Problem sind wir selbst. Denk nur, was gerade im Nahen Osten passiert."

Dann wird der Film in eine von Kindern verstehbare Perspektive gerückt und mögliche Ängste werden entschärft. Die Welt wird nicht verniedlicht, sondern in einer erträglichen Form realistisch wahrgenommen.

Das fragedurstigste Kind kann jedoch solche Eindrücke nicht mehr verarbeiten, wenn es stundenlang vor dem Fernseher oder vor Computerspielen geparkt wird, und wenn keine Gesprächspartner da sind. Es kann keine Flut von Gewaltdarstellungen verarbeiten, keine Flut von für ein Kind unverständlichen erwachsenen Beziehungskonflikten, die ihm per „Wahre Liebe" oder „Auf alle Fälle Stefanie" reingedrückt werden, keine Flut von Sex-Szenen und von medialen Katastrophen.

Psychisch gesunde Kinder, die sich geborgen fühlen, sind erstaunlich gut darin, unverständliche Eindrücke auszublenden. Selbst dann wäre die Bildschirm-Zeit letztlich verschwendete Zeit. Aber erstens geht es nicht allen Kindern gut, und zweitens kann man selbst die robusten kleinen Seelen überfordern.

Die fantastischen Filme und Comics sind, wie schon gesagt, für Kinder diesen Alters kein besonderes Problem, sondern ebenso wie in anderen Bereichen ein Problem der Auswahl und der Menge. Wenn man sich nur auf Gewaltdarstellungen oder nur auf Medienprodukte mit magischen Inhalten konzentriert, und

> *Wenn sich ein 8 Jahre altes Mädchen „Independence Day" auf Video zu Gemüte führt (was nicht unbedingt sein muss), dann sollte es wenigstens nachher fragen können: „Du, Papa, gibt es die Aliens wirklich? Kann es sein, dass die uns kaputtmachen wollen?"*
> *Und der Papa muss antworten können: „Ich glaube nicht, dass es sie gibt. Das ist nur Fantasie. Weißt du, ich glaube, die Aliens sind nicht unser Problem. Das Problem sind wir selbst. Denk nur, was gerade im Nahen Osten passiert."*

wenn man meint, mit deren Verbannung sei etwas erreicht, macht man sich das Ausmaß der Herausforderung nicht klar.

> **Psychisch gesunde Kinder, die sich geborgen fühlen, sind erstaunlich gut darin, unverständliche Eindrücke auszublenden.**

Kinder können mit vielem aus den Medien fertig werden, wenn man ihnen Raum und Zeit gibt für Erfahrungen, die nicht nur Medienerfahrungen sind: Soziale Erfahrungen mit Gleichaltrigen, mit jüngeren und älteren Geschwistern, Erfahrungen mit der Natur, mit Tieren und Pflanzen, Wetter und Gestirnen, Erfahrungen mit Kunst, die nicht aus der Konserve kommt, sondern die man selbst macht. Unmittelbare, lebensechte Erfahrungen relativieren die Medieneindrücke und machen sie verstehbar – wenn das Kind sie denn haben kann.

Auch für Jugendliche ist dieser Punkt der entscheidende: Es muss in ihrem Alltag Raum für Erfahrungen bleiben, die nicht durch Medien vermittelt werden. Normale Computerspiele richten an sich keinen Schaden an, ein Leben als Computer-Freak schon.

Dieser erste Punkt führt zu einem Zweiten: Ob die Flut der Medienbilder Schaden hervorruft oder nicht, hängt weitgehend von der sonstigen Lebenswelt der Kinder und Jugendlichen ab. Der Effekt des Fernseh- und Internet-Konsums wird dadurch bestimmt, was es außerdem noch gibt – oder eben nicht gibt. Horst Petri sagt dazu: „Ein Kind wird nicht gewalttätig, weil es die Gewaltvorbilder des Fernsehens nachahmt; diese können nur wirksam werden, wenn das kindliche Ich zuvor Gewalterfahrungen familiärer oder gesellschaftlicher Art unterworfen war, die sich mit der Fernsehgewalt verbinden."

Ebenso kann man mit ziemlicher Sicherheit sagen, dass Okkultvorbilder nur wirksam werden können, wenn das Kind magische Denkweisen oder unrealistische Erfolgs- und Machbarkeitsillusionen in seiner eigenen Lebenswelt vorfindet. Dass es so ist, lässt sich psychologisch leicht nachweisen. Aber die Erwachsenen vergessen diese einfache Wahrheit gerne wieder, weil es bequemer für sie ist, über die Medien zu lamentieren, als sich an die Verbesserung des Lebens ihrer Kinder zu machen oder ihnen ein gutes Vorbild zu sein. Das gilt auf allen Ebenen, von der großen Politik bis hinunter zur Familie. Wer diesen schlichten Zusammenhang berücksichtigt (das kann einige Zeit und Kraft kosten), hat schon sehr viel für seine Kinder getan.

Was das Fernsehen und das Internet wirklich ganz allein verursachen, das wirklich Neue an der Situation unserer Jugend, ist die unumkehrbare Aufhebung von Tabugrenzen. Die moderne westliche Kultur ist sich seit Jahrhunderten einig darüber, dass die Kindheit ein geschützter Raum sein sollte, der von der „ganzen Wahrheit" des Lebens abgeschirmt werden muss. Bildung, so wie man sie seit der frühen Aufklärung verstand, erfordert das allmähliche Vertrautwerden des Kindes mit den Schattenseiten menschlichen Lebens, aber auch mit den allzu leicht zu missbrauchenden Lustquellen des Erwachsenseins. Die unfertige kindliche Seele sollte Zeit erhalten, sich auf die Zerrissenheit und Größe des Lebens vorzubereiten, Zeit für das Wachstum, Zeit für die Reifung.

Dieses Konzept lässt sich in der neuen Medienwelt nicht mehr so wie früher durchhalten. Die schamlose Offenheit der Bilder spült alle Facetten des Lebens in die Kinderzimmer, sexuelle Lust, Hass, Gier, Neid und Gewalt, Sucht, Magie und Hexenwahn, exotische Religionen und aberwitzige Kulte, aber auch unsägliches menschliches Leid, Heldentum, Liebe, Hingabe, Opfermut und Größe. Die Tragödie des Menschen lässt sich den Kindern und Jugendlichen nicht mehr in einer jugendfreien, entschärften Form vorspielen. Sie sehen das ganze Stück. Daran wird sich nichts mehr ändern, denn mehr als eine schonende Einschränkung von Zeit und Raum des Medienkonsums ist nicht mehr möglich.

Was das Fernsehen und das Internet wirklich ganz allein verursachen, das wirklich Neue an der Situation unserer Jugend, ist die unumkehrbare Aufhebung von Tabugrenzen.

Anstatt einer kulturellen Vergangenheit nachzutrauern, die nie wiederkehren wird, sollten wir uns auf diese Situation einstellen. Und wir können es als Christen, denn was anders ist das Thema der Geschichte von Unheil und Heil, als die Tragödie des Menschen, von der die Bibel erzählt? Nur ist es seit Ostern keine Tragödie mehr, denn dem tragischen Sturz des Helden folgte seine Auferstehung. Bis Karfreitag war unser Menschsein ein tragisches Schauspiel. Seit das Grab im Felsen leer gefunden wurde, ist es ein Märchen – so würde Tolkien sich ausdrücken. Nehmen wir die unverhüllte Tragödie des gottverlassenen Menschen, die über die Bildschirme flimmert, zum Anlass, unsere Kinder und Jugendliche darauf hinzuweisen, das es einen guten Ausgang für diese Geschichte von Elend und Größe gibt. Das können wir allerdings nur, wenn wir selbst auf diesen guten Ausgang hin leben.

6

Warum Magie?

Okkultismus als pädagogische Herausforderung

Warum wird man junger Okkultist?

Die pädagogische Frage nach dem richtigen Umgang mit dem Thema Okkultismus in Jugendarbeit und Unterricht muss von Fachpädagogen beantwortet werden (siehe die Literaturhinweise). Ich bin keiner, sondern kann nur aus der praktischen Erfahrung einige Anregungen geben. Als Erstes stellt sich die Frage, welche Jugendlichen es eigentlich sind, die sich zum Okkultismus hingezogen fühlen. Allerdings kann man diese Frage nicht pauschal beantworten, aber einige Tendenzen lassen sich ausmachen. Der Okkultismus ist viel weiter weg von Fantasie und Träumen, als man sich von außen gemeinhin vorstellt. Wir haben es im Gegenteil mit einer sehr rationalen, oft übermäßig rationalen Haltung zu tun. Daher sind fantasiebegabte Jungendliche und solche mit regem Interesse an exotischen Informationen keineswegs besonders gefährdet. Das sind eher die neugierigen Macher-Typen, die von nichts die Finger lassen können, und diejenigen, die Ängste und Schwächen zu kompensieren haben.

Die energischen Macher und die wuseligen Girls, die auf allen Festen auftauchen, werden von den langen Ausbildungszeiten und der schier endlosen Abhängigkeit von den Eltern oft überfordert, die unsere Kultur ihnen aufzwingt. Während sie körperlich schon fast erwachsen sind, müssen sie Jahr um Jahr weiter in Schülerpose abstrakten Stoff aufnehmen, lernen und wiederkäuen. Ihre Lebenswelt ist aus ihrer Sicht öde, gleichförmig, eintönig und ohne jede Herausforderung. Da reizt es schon, dem Alltag mit Gläserrücken oder Hexen mehr Pep zu verleihen – aber eben auf eine technisch-praktische Art. (Dass von esoterischer Seite ständig mehr Gefühl und mehr „Bauch" eingefordert wird, im Gegensatz zu der angeblich verkopften Wissenschaft und Technik, sollte uns an dieser Diagnose nicht irremachen. Denn dabei handelt es sich weithin um eine Abwehrpose gegen rationale Kritik. Die sollte man sich aber gerade nicht ausreden lassen.)

Ein weiterer Grund für die Faszination des Okkulten ist die fehlende Auseinandersetzung mit religiösen Themen in der Welt der Jugendlichen. Die Wavers demonstrieren das überdeutlich: Wenn die Gesellschaft keine Antwort darauf gibt, was nach dem Tod kommt, wenn niemand darüber spricht, was das Ganze für einen Sinn hat, werden in der schwarzen Szene wenigstens Erfahrungen von Tod und Sinnlosigkeit inszeniert. Wenn die Auseinandersetzung mit dem Bösen nicht stattfindet, weil die Medien und die Umwelt darauf bestehen, alles in einen rosaroten Wortnebel zu hüllen, steigt der Reiz, dunkle Mächte zu beschwören. Es können auch Dämonen Engel oder gute Feen sein, eben Wesen aus einem Jenseits, das von der Gesellschaft totgeschwiegen wird.

> *Wenn die Gesellschaft keine Antwort darauf gibt, was nach dem Tod kommt, wenn niemand darüber spricht, was das Ganze für einen Sinn hat, werden in der schwarzen Szene wenigstens Erfahrungen von Tod und Sinnlosigkeit inszeniert.*

Auch Jugendliche praktizieren manchmal Gläschen- oder Tischchenrücken aus Trauer, weil sie mit einem Verstorbenen in Beziehung treten möchten. In unserer Gesellschaft finden sie oft wenig Hilfe bei der Trauerarbeit und für das Abschiednehmen vor. Hier liegt auch ein Defizit unserer christlichen Gemeinden. Auch wir sind Teil der Gesellschaft, die Leid und Tod verdrängt, auch wir müssen es erst lernen, über den Tod zu sprechen, der zum Leben gehört.

Ein sehr häufiger Grund für die Hinwendung zum Okkulten, zumindest in den Fällen, in denen äußere Hilfe nötig wird, ist die Faszination okkulter Allmachtsfantasien. Sie weisen oft auf besonderes Leid im Leben eines Jugendlichen hin, auf Schwächen, Verletzungen und seelische Not. Kinder, die in ihrer Familie den Sündenbock für die familiären Probleme spielen müssen, oder die sowieso nichts recht machen können, tauchen als Jugendliche in okkulten Cliquen auf. Dort können sie ihre Ohnmachtsgefühle und ihren versteckten Ärger kompensieren.

Der Übergriff ins Totenreich (im Spiritismus) ist ebenso ein Hinweis auf Allmachtsfantasien. Die Jugendlichen sind fasziniert davon, dass sie eine Technik haben, mit der sie Verstorbene in ihre Mitte holen können. Auf ihren Knopfdruck hin erscheinen die Geister. Diese Macht übt eine enorme Anziehungskraft auf Jugendliche aus, die sich selbst als Außenseiter erleben, und die mit dem okkulten Thema plötzlich für andere interessant werden. Ein Medium steht automatisch im Mittelpunkt des Interesses. Was Wunder, dass eine pummelige Fünfzehnjährige, die zu Hause wenig Liebe erfährt und die kaum Chancen hat, um die Aufmerksamkeit der Boys zu konkurrieren, sich zum angeblichen Medium wandelt?

Über die Folgen ihrer Bewusstseins-Tricks für sie selbst macht sie sich allerdings keine Gedanken. Und ihr soziales Problem wird auch nicht gelöst, nur für einige Zeit überdeckt, um später verstärkt wiederzukehren.

Wo liegen die Gefahren?

Die seelischen Gefahren okkulter Praktiken lassen sich mit wenigen Begriffen zusammenfassen: Realitätsverlust, Abhängigkeit, nicht zu bewältigende Ängste. Darüber wurde in den vorigen Kapiteln schon einiges gesagt. Sie treffen keineswegs alle Anwender, sondern vor allem Jugendliche mit einer labilen Psyche oder solche, die aus irgendeinem Grund gerade in einer krisenhaften Situation sind. Daher muss schon aus psychohygienischen Gründen, keineswegs nur aus Glaubensgründen, vor der Ausübung von Okkultpraktiken gewarnt werden. Die Angstzustände, die auf okkulte Erfahrungen folgen können, entwickeln sich in Einzelfällen zu massiven Lebensängsten, zu Schlafstörungen, Depressionen und Leistungsstörungen in Schule und Beruf. Als besonderer pathologischer Zustand kommt manchmal die Aktivierung einer so genannten Teilpsyche vor: Der Jugendliche fühlt sich von äußeren Kräften oder Geistern verfolgt, bis hin zu Halluzinationen. In solchen Fällen muss unbedingt fachliche Hilfe gesucht werden.

Da das Ausprobieren okkulter Praktiken auf der anderen Seite

Warum Magie?

für viele Jugendliche eine kurze Episode darstellt, sollte man die Gefährdungen auch nicht überbetonen. Man läuft sonst Gefahr, die Sache interessanter zu machen, als sie ist, und die Neugier sowie das Protestverhalten der Jugendlichen wach zu kitzeln.

Die seelischen Gefahren okkulter Praktiken lassen sich mit wenigen Begriffen zusammenfassen: Realitätsverlust, Abhängigkeit, nicht zu bewältigende Ängste.

Die Auseinandersetzung mit Okkult-Betroffenen zeigt, dass es für Jugendarbeit und Seelsorge wichtig ist, die okkulten Praktiken inhaltlich zu kennen, sie einzuordnen und Erklärungen bieten zu können. Was geschieht beim Pendeln, wie funktioniert das „schreibende Tischchen", wie kommen Tonbandstimmen zustande usw. Dieses Sachbuch konnte nicht alle Phänomene abhandeln, aber zu jedem stehen Quellen zur Verfügung, die im Anhang genannt werden. Ebenso ist wichtig zu wissen, was keine Okkultpraktiken sind, obwohl sie vielleicht mit dem Begriff belegt werden. Und es ist wichtig, sich eine theologische Position zu erarbeiten, von der aus die religiösen Fragen angesprochen werden können, die sich hinter der Beschäftigung mit Esoterik und Okkultismus verbergen.

Weiterhin ist wichtig, zwischen öffentlicher Aufklärung und persönlicher Seelsorge zu unterscheiden. Man kann nicht auf gleiche Art persönlich mit einem Mädchen reden, das sich am Hexen versucht hat, wie man in einer Schulklasse über Hexerei redet. Das sollte selbstverständlich sein – aber die Erfahrung in vielen Gemeinden ist leider eine andere.

Das Ziel der öffentlichen Aufklärung sollte nicht die dramatische Verteufelung der Okkultpraktiken sein, weder mit psychologischem noch mit theologischem Pathos, sondern die sachliche Auseinandersetzung. Die beginnt nicht bei den Jugendlichen selbst, sondern bei den Verantwortlichen in unseren Gemeinden, in der Jugendarbeit und der Schule. Auch sie haben möglicherweise Erfahrungen gemacht oder Ängste zu verarbeiten.

Auf der anderen Seite dürfen okkulte Praktiken nicht rein sachlich, das heißt zu unkritisch, vorgestellt werden, als bloße Information für Interessierte. Es ist zwar durchaus richtig, dass das „okkulte Rätsel" durch Information aufgelöst werden muss, indem die okkulten Phänomene so weit als möglich (und das ist recht weit) natürlich erklärt werden. Eine solche Entmystifizierung vermindert den Reiz des Rätselhaften und nimmt ein Stück Faszination weg.

Aber dabei darf man es nicht belassen. Auch noch so richtige Erklärungen, was psychisch abläuft, helfen letztlich nichts, wenn die seelischen und religiösen Gefahren des Okkultismus nicht in aller Deutlichkeit mit angesprochen werden. Wenn die Jugendlichen nach der Stunde wissen, was Ideomotorik ist, aber nichts über die problematische Funktion, die das Pendeln für Hilfe suchende Menschen hat, kann es sein, dass sie das nur noch neugieriger auf das siderische Spielzeug macht. Leider gibt es genug Beispiele für eine Art Okkult-Aufklärung, die bei allem guten Willen das Gegenteil von dem erreicht, was beabsichtigt war.

Wir müssen uns von vornherein klar machen, dass öffentliche Aufklärung im Bereich des Okkultismus eine pädagogische Gratwanderung darstellt. Im Einzelgespräch kann man erkunden, was der oder die Jugendliche schon erlebt und getan hat. In der Gruppe wissen wir das oft nicht, wir erzählen dem einen zu viel, dem anderen zu wenig.

Wie viel ist nötig, um vorzubeugen und die Jugendlichen von der Sache abzubringen? Was sollte gar nicht erst gesagt werden, um niemand auf dumme Gedanken zu bringen? Grundsätzlich gilt: Weder eine rein wissenschaftlich-rationale, noch eine rein theologische Ebene der Auseinandersetzung wird den Bedürfnissen der Jugendlichen wirklich gerecht. Es geht bei ihnen zwar auch um eine mehr oder weniger technische Neugier – dafür sind die rationalen Antworten gut. Es geht aber auch um Fragen ihrer seelischen Entwicklung, um Emotionen, Fantasien und tiefer liegende Bedürfnisse. Diese Bedürfnisse lassen sich nur auf einer Ebene des Erlebens und Erspürens hilfreich beeinflussen. Dazu braucht es, wie Georg Bienemann mit Recht anmerkt, eine für die Jugend passende Kultur des Feierns, es braucht Rituale und kultische Handlungen, die lebensbejahend sind und an denen Jugendliche sich beteiligen können. Und es geht nicht zuletzt (manchmal zuerst) um religiöse Grundfragen, um das Woher und Wohin menschlicher Existenz.

Leben und Tod, Abschied und Trauer, Schuld und die geschöpfliche Begrenzung des Menschseins, Liebe und Hass, Heimat und Fremde: Was bedeuten sie? Was bedeuten sie für mich jetzt und hier? Gibt es wirklich Hoffnung auf ein ewiges Leben? Liebt Gott mich wirklich? Alle Christen sagen das, aber meine Eltern sagen auch, dass sie mich lieben, und ich merke manchmal nichts davon. Solche Erfahrungen muss man erspüren und ansprechen.

Wenn irgend möglich (manchmal entspricht der Rahmen dieser Forderung nicht), sollte man das Thema Okkultismus vor dem großen Horizont dieser Fragen behandeln. Dann nimmt man die jungen Leute so ernst, wie sie es verdienen, ohne den Okkultismus ernster zu nehmen, als er es verdient. Diese offene, hoffnungsvolle und gelassene Haltung streben wir als Christen an.

> *Man soll junge Leute so ernst nehmen, wie sie es verdienen, ohne den Okkultismus ernster zu nehmen, als er es verdient.*

Glossar

Aberglaube: Das Wort bezeichnet das Verhältnis zwischen dem gültigen und erprobten Denken einerseits, und dem irrtümlichen oder verpönten Denken andererseits. Es kommt vom mittelhochdeutschen *abergloube* und bedeutet „falscher, entgegengesetzter Glaube". Was dazugehört, hängt vom kulturellen Umfeld ab. Das Spektrum des Abergläubischen hat sich in den letzten Jahrzehnten verändert. Esoterische und magische Praktiken, die früher aus der Sicht der Mehrheit abergläubisch waren, werden heute in vielen Kreisen akzeptiert.

Alchemie, Alchimie: Wort für die Summe von naturphilosophischen Geheimlehren und Methoden des späten Mittelalters und der frühen Neuzeit, die eine Umwandlung verschiedener Stoffe in Edelmetalle zum Ziel hatten, ebenso das „Elixier der Unsterblichkeit", ein Allheilmittel und die Schaffung eines künstlichen Menschen (homunculus). Grundlage der A. sind die geheimen Beziehungen und Gleichgewichte im Kosmos, die es zu erkennen und zu nutzen gilt. Die Alchemie stellt einen Übergang zwischen religiös-magischen Systemen und der modernen Naturwissenschaft dar.

Anthroposophie: Das Wort setzt sich aus den griechischen Begriffen „anthropos" (Mensch) und „sophia" (Weisheit) zusammen und bezeichnet aus anthroposophischer Sicht das Wissen um den Menschen. Die Lehre entstammt der okkulten Schau von Rudolf Steiner (1861-1925). Er wollte mit der A. die Theosophie (s.d.) und das Christentum zusammenführen, deutete dabei jedoch zentrale christliche Vorstellungen esoterisch um. Praktisch bedeutsam sind die anthroposophische Pädagogik (Waldorf-Schulen), der biodynamische Landbau und die „anthroposophische Kirche", die Christengemeinschaft.

Astrologie: Das Wort stammt von den griechischen Begriffen „Astron" (Stern) und „logos" (Wort) und bezeichnet die ursprünglich religiöse, später magisch-okkulte Kunst der Sterndeutung, also das Stellen von Horoskopen (s.d.). Dabei werden den

12 Tierkreiszeichen bestimmte Eigenschaften zugeschrieben, die mit denen von Sonne und Mond sowie den fünf in der Antike bekannten Planeten Merkur, Venus, Mars, Jupiter und Saturn zusammenwirken. Die Trennung zwischen A. und Astronomie (der wissenschaftlichen Sternkunde) entstand erst in der frühen Neuzeit.

Channeling: Der Begriff stammt von channel (engl. Kanal) ab und bezeichnet einen Kontakt mit Außerirdischen, höheren Wesen bzw. mit Verstorbenen über ein Medium wie im Spiritismus. Man versucht durch C., die angeblich höheren Erkenntnisse und Weltdeutungen dieser Wesen sowie Angaben über die Zukunft zu erhalten; oft verbindet sich das C. mit dem UFO-Glauben (s.d.).

Chiromantie: Das Wort bezeichnet die esoterische Kunst der Handlinien-Deutung als Teil der Mantik oder Wahrsagerei (s.d.) und stammt vom griechischen Begriffen „cheir" (Hand) ab. Man liest angeblich an der Lebenslinie, Herzlinie, Schicksalslinie, Kopflinie usw. das Schicksal und die Persönlichkeit des Menschen ab.

Esoterik: Das Wort stammt vom griechischen „esoterikós" und meint „nach innen gewandt", im übertragenen Sinn „zum inneren Kreis gehörig". Klassische esoterische Systeme bestehen demgemäß aus Geheim- und Sonderwissen. Das trifft auf die Mysterienkulte der Antike zu, auf die Hermetik, Kabbala, Alchemie, Rosenkreuzertum, aber nicht mehr auf die gegenwärtige Esoterikbewegung. Diese schöpft aus dem modernen Okkultismus ebenso wie aus (oft missverstandenen) hinduistischen, buddhistischen und neureligiösen Ideen und Methoden. Dazu kommen angebliche Praktiken von Naturreligionen, Anleihen bei der Psychotherapie usw. Die marktorientierte Bewegung erreicht mit ihren Therapie- und Lebenshilfekonzepten vorwiegend Menschen aus der gebildeten Mittelschicht. Eine Neuheit stellt das Anwachsen esoterischer Erfolgsprogramme in der Wirtschaft dar.

Geomantie: Das Wort bezeichnet ursprünglich die esoterische Kunst der Deutung von Mustern, die durch auf den Boden geworfene Steinchen, Knochen, Federn, Samen etc. entstehen. Die

G. ist Teil der Mantik oder Wahrsagerei (s.d.) und kommt vom griechischen Begriff „Gea" (Erde). Heute bezeichnet man in der Esoterikbewegung auch die Lehre von so genannten Kraftorten (Stonehenge, alte Burgen und Kapellen etc.) und Kraftlinien zwischen diesen Orten als G.

Gralsbewegung: Die G. wurde von Oskar Ernst Bernhardt (1875 – 1941) unter dem Pseudonym Abd-ru-shrin (Sohn des Lichts) gegründet. Seine esoterischen Schriften bilden heute die Glaubensgrundlage der weltweit ca. 10 000 Anhängerinnen und Anhänger.

Hermetik: H. ist ein nach dem griechischen Gott Hermes benanntes Magie-System auf der Grundlage antiker Texte aus dem 2. und 3. Jahrhundert nach Christus (Hermetica, Corpus Hermeticum als zentrale Schrift), die der legendären Gestalt des Hermes Trismegistos zugeschrieben werden. Sie hat in der H. messianische Züge. Die H. entstand vermutlich aus einer Verbindung ägyptischer Magie-Traditionen mit hellenistischen Mysterienkulten und neuplatonischer Philosophie.

Hexe: Ursprünglich (noch im Hochmittelalter) die Bezeichnung für Personen, meist Frauen, die heidnische Natur- und Fruchtbarkeitsrituale benutzten. Der Volksglaube schrieb ihnen magische Heil- und Schadenskräfte sowie Verwandlungsfähigkeit und die Gabe des Fliegens zu. Man betrachtete von kirchlicher Seite in der Regel ihre Tätigkeit als Aberglaube und ihre Zaubermacht als Täuschung. Der Begriff stammt vom mittelhochdeutschen „hagazussa" (Zaunreiterin) ab und bezieht sich auf die angebliche Fähigkeit der H., an der Grenze zweier Welten zu leben. Erst in der frühen Neuzeit griff der Glaube an die reale Macht der Hexen um sich, die man nun einem Teufelspakt zuschrieb. Der Terror der Hexenverfolgung forderte vom 15. bis zum 18. Jahrhundert fast eine Million Opfer, ca. 80% Frauen. Moderne Hexen versuchen sich wieder auf die angebliche Naturkenntnis und Naturverehrung vorchristlicher Zeit zu beziehen.

Horoskop: Das Wort leitet sich von den griechischen Begriffen „hora" (Stunde) und „skopein" (sehen) ab und steht für das Ergebnis astrologischer Berechnungen, das in den Tierkreis eingetragen wird. Es soll Zukunfts- und Charakterdeutungen möglich machen.

Kabbala: Die Bezeichnung bedeutet hebräisch „Überlieferung" und steht für eine Sammlung von Lehren jüdischer Mystiker insbesondere aus dem 12. und 13. Jahrhundert, mit Einflüssen aus der späten Antike. Sie verbinden mystische Gotteserfahrungen mit esoterischen Ideen über Mensch und Kosmos, sind jedoch kein magisches System. Dabei spielen sonst in der jüdischen Tradition fehlende Ideen wie Reinkarnation usw. eine Rolle. Seit dem Spätmittelalter wurden vielfache Versuche unternommen, kabbalistische Ideen mit christlichem Gedankengut in Einklang zu bringen.

Magie: Kenntnisse und Methoden, die dazu dienen, über angebliche geheime Kräfte und Gesetze des Kosmos, der Götter- und Geisterwelt bzw. der Lebewesen die erwünschten Wirkungen zu erzielen. Das Wort stammt vom lateinischen „magia" und vom Griechischen „mageia" ab. Es geht beim magischen Einwirken um Reichtum, Macht, Erfolg, Heilung, Abwehr von Schaden, Verursachen von Schaden und um das Ausnutzen besonderer Tage und Rituale. Der Unterschied zwischen der Magie als eigener Kunst bzw. „Fach" und ihrem religiösen Hintergrund ist oft schwer zu ziehen und lässt sich erst in den so genannten Hochreligionen überhaupt ausmachen. Frühe, archaische und Stammesreligionen sind gleichzeitig im obigen Sinn magisch zu verstehen. „Magisches Denken" gehört zur menschlichen Entwicklung dazu und tritt überall auf, wird jedoch bei der Reifung der Persönlichkeit überwunden und durch ein nichtmagisches Weltbild ersetzt.

Mandala: Das Sanskrit-Wort bedeutet „Kreis" oder „Bogen". Mandalas sind hinduistische oder buddhistische grafisch-ornamentale Bilder, die aus Kreisen, Rechtecken und Dreiecken bestehen können. Sie stellen teils gegenständlich, teils symbolisch Götter- und Geisterwelten oder kosmische Kräfte dar. Manchmal dienen sie als Meditationshilfe. Bei uns benutzte Mandalas sind oft unabhängig von dieser Tradition frei gestaltet.

Mantik: Unterschiedliche Wahrsage- und Orakelpraktiken werden als M. zusammengefasst. Das Wort leitet sich vom griechischen „mantikos" (prophetisch, wahrsagend) her. Es umfasst die Deutung von Zeichen (Omen), Traumdeutung, Kartenlegen, Kristallsehen, Rutengehen (s.d.) und Pendeln, Astrologie (s.d.) und vieles andere. Das Bedürfnis, die Zukunft zu entschlüsseln und verborgene Zusammenhänge zu erfahren, ist in allen Kulturen wirksam und bringt auch dort mantische Praktiken hervor, wo sie öffentlich als Aberglaube gelten. In archaischen Kulturen und nichtchristlichen Hochkulturen (z.B. China) gehört die M. zur Hauptkultur.

Nekromantie: Das Wort bezeichnet magische Methoden für die angebliche Beschwörung der Geister toter Menschen und für die Kommunikation mit ihnen. Die N. ist ein abseitiger Teil der Mantik oder Wahrsagerei (s.d.) und kommt vom griechischen Begriffen „nekros" (tot) her. Man versucht von den Toten Auskunft über die Zukunft und über verborgene Zusammenhänge zu erhalten, insofern bestehen Ähnlichkeiten mit dem Spiritismus (s.d.). Die N. ist jedoch ein sehr alter Bestandteil heidnischer Ahnen- und Totenkulte und wird in der Bibel mehrfach erwähnt und dem Volk Israel ausdrücklich untersagt.

New Age: „New Age" bedeutet auf Englisch „Neues Zeitalter" und steht für eine esoterisch-spiritualistische Bewegung, die von der Hoffnung auf eine „Transformation" des menschlichen Bewusstseins geprägt wurde. Angeblich stand (oder steht) die Welt am Übergang vom 2100 Jahre dauernden Fische-Zeitalter in das kommende Zeitalter des Wassermanns oder Aquarius, das von Liebe und Spiritualität bestimmt sein werde. Grundlage ist die Vorstellung der Astrologie (s.d.), dass die Sonne in 25 200 Jahren auf einer Kreisbahn alle 12 Tierkreiszeichen durchläuft. Das N. ging in den Sechzigerjahren des 20. Jahrhunderts von England und den USA aus und entfaltete zwischen 1980 und 1990 seine größte Wirkung in Europa. Heute haben sich die New Age-Impulse und Ideen weitgehend in der populären Esoterik-Bewegung aufgelöst.

Okkultismus: Das Wort leitet sich vom lateinischen „occultus" (verborgen, dunkel) sowie vom Verb „occulere" (verbergen) ab und fasst zahlreiche Vorstellungen und Methoden zusammen, die angeblich eine unsichtbare, jenseitige Welt verstehbar und nutzbar machen. Dabei kann man ausgearbeitete okkulte Wissenssysteme von einem alltäglichen, praktischen Okkultismus unterscheiden. Seine heutige Bedeutung erhielt der Begriff im 18. und 19. Jahrhundert als Gegenbegriff zur gesellschaftlich anerkannten modernen Wissenschaft. Die christliche Nebenbedeutung, die „okkult" mit „satanisch" oder „dämonisch" gleichsetzt, stammt aus dem modernen protestantischen Fundamentalismus der USA und kam erst in den letzten Jahrzehnten nach Europa.

Orakel: Das Wort kann eine Person bezeichnen, die mithilfe von mantischen und religiösen Ritualen den Willen der Götter erforscht, die Zukunft vorhersagt oder Antwort auf Lebensfragen gibt. Auch der religiöse Ort, an dem das geschieht, wird als O. bezeichnet. Das bekannteste war das Orakel von Delphi in Griechenland, in dem die Seherin Phytia angeblich mit dem Gott Apoll kommunizierte. Weiterhin heißt auch die Vorhersage bzw. der Spruch selbst O. In der heutigen Esoterik-Bewegung ist besonders das chinesische Orakel-Buch I-Ging (Buch der Wandlungen) populär, aber auch angebliche germanische Runen-Orakel u.a.

Reiki: Das Wort bedeutet im Japanischen „Lebensenergie" oder „geistige Kraft", besteht aus den beiden Silben „rei" (Ahnengeist) und „ki" (kosmische Energie) und wird „dreisilbig" re-e-ki gesprochen. Es handelt sich um eine von buddhistischen Ideen beeinflusste neureligiöse Heilmethode, die im 19. Jahrhundert in Japan entstand. Sie arbeitet mit Schriftzeichen und anderen Symbolen, die magisch benutzt werden, mit Handhaltungen etc. Der Fluss der kosmischen Energie soll harmonisiert werden, indem der Reiki-Anwender als Kanal für die Ki-Kräfte wirkt. Man kann durch Einweihung vier aufeinander aufbauende Reiki-Grade erwerben. R. ist derzeit eine der populärsten esoterischen Methoden.

Anhang

Rosenkreuzer: Ursprünglich wurde die literarische Gestalt des „Christian Rosencreutz" ca. 1614 in einer Reformbewegung des Protestantismus um den Tübinger Theologen Johann Valentin Andreae geschaffen. Im 18. Jh. berief sich eine Bewegung im Umfeld der Freimaurer auf diese Gestalt und einen so genannten Orden der Rosenkreuzer, der jedoch nie wirklich existiert hat. Seit dem 19. Jh. gibt es esoterisch geprägte Rosenkreuzer-Gemeinschaften (u.a. das Lectorium Rosicrucianum, AMORC), von denen einige auch eine historische Verbindung mit der Anthroposophie Rudolf Steiners haben.

Rutengehen: Die angebliche Fähigkeit, Wasser- und Erdstrahlen mithilfe einer gespannten Rute zu erspüren, wird von den traditionellen Rutengehern zum Auffinden von Quellen benutzt. Heilkundlich sollen schädliche Wasseradern geortet werden, sodass das Bett an eine unschädliche Stelle gerückt bzw. die Strahlung abgeschirmt werden kann. Kontrollierte Experimente haben allerdings ergeben, dass es die Strahlenfühligkeit (Radiästhesie) nicht gibt. Inzwischen wird die Rute in der Esoterik als allgemeines Wahr- und Weissageinstrument ähnlich wie das Pendel benutzt.

Satanismus: Gemeinsam ist den vielen Richtungen des S. die Gegnerschaft gegen den christlichen Glauben, die Verdrehung christlicher Riten und Symbole, und die Umkehrung christlicher Ethik. Seine Ursprünge lassen sich bis in die frühe Neuzeit zurückverfolgen. Gängige Symbole sind das umgedrehte Kreuz, Totenkopf und Komet, die Zahl 666 (nach der Offenbarung des Johannes die „Zahl des Tieres") und das auf der Spitze stehende Pentagramm. Für den neueren Satanismus ist Satan meist keine reale Gestalt mehr, sondern das Symbol für die Ablehnung von Mitleid und Liebe, die Verehrung der Stärke, Durchsetzungsvermögen, Gewalt und Macht. Es handelt sich im Kern um die Vergötterung des starken Menschen, der durch magische Rituale (oft Ekel erregender und sexueller Natur) zum Übermenschen werden will. Die Ideen dieses Neo-Satanismus stammen meist von Aleister Crowley (1875-1947) und Anton Szandor LaVey, dem Gründer der „First Church of Satan" und Autor der „Satanischen Bibel". Man unterscheidet den organisierten „Ordenssatanismus" der Erwachsenen mit seinen zahlreichen Geheimbünden von dem „Privatsatanismus" jugendlicher Cliquen und Einzelgänger. Letzterer gewinnt zum Teil durch „schwarze" Musikrichtungen wie Black Metal und Death Metal und die Verehrung der entsprechenden Bands einen gewissen Zusammenhalt.

Spiritismus: Die Mitte des 19. Jahrhunderts in den USA entstandene Bewegung wird nach dem lateinischen Wort „spiritus" (Geist, Atem) benannt, da ihre verschiedenen Strömungen die Überzeugung gemeinsam haben, dass die menschliche Seele (oder ein Geistwesen) nach dem Tod in einem Jenseits weiterlebt, und dass man mit dieser Seele in Kontakt treten kann. Auch die Geister wirken in das Diesseits hinüber, als Poltergeist, Spuk etc. Der angebliche Kontakt wird meist mithilfe von menschlichen Medien und/oder Techniken (Automatisches Schreiben, Ouija-Brett, Gläserrücken, Tischchenrücken etc.) hergestellt. Heute kommen angebliche Tonbandstimmen, Video- und Computereinspielungen aus dem Jenseits dazu. Es gibt spiritistische „Kirchen" und Heilungs-Kulte in Lateinamerika, England und den Philippinen, Ableger sind auch in Europa präsent. Das Channeling (s.d.) leitet seine Methoden ebenfalls vom Spiritismus ab.

Tarot: Ein Wahrsage- und Orakelsystem, das aus 78 Spielkarten besteht. 22 Grundkarten bilden das Große Arkanum, 56 andere das Kleine Arkanum. Es stammt aus dem Italien des 15. Jahrhunderts und wurde „Tarocchi" genannt; daraus wurde das französische „tarot". Die Gestalten, Farben und Symbole stellen symbolisch unterschiedliche Lebenssituationen und Lebensformen, Kräfte und Einflüsse dar: Narr, Liebende, Gehenkter, Gaukler usw. Sie sollen durch ihre Lage in Beziehung zu den anderen Karten Auskunft über die Person geben, für die sie gelegt werden. Auch eine Analyse von Problemen und mögliche Handlungsweisen gehören zum T. Der Gebrauch zur Zukunftsvorhersage wird von vielen Esoterikern abgelehnt, spielt aber unter Jugendlichen eine große Rolle.

Theosophie: Das Wort bedeutet auf Griechisch „Gottesweisheit" und bezeichnet eine von der Deutsch-Russin Helena Petrovna Blavatsky (1831-1891) aus einer Mischung von christlichen, westlich-okkulten und hinduistischen Vorstellungen entwickelte Weltanschauung, die zur Glaubensgrundlage der Theosophischen Gesellschaft wurde. Indirekt leitet sich auch die Anthroposophie (s.d.) von der T. ab. Zentral sind die Ablehnung des biblischen Gottesbildes, der Glaube an Karma und Reinkarnation, und ein esoterisches Menschenbild. Nach letzterem besteht der Mensch aus sieben Schichten, vom materiellen Körper über immer feinstofflichere und geistigere Schichten bis zum gottgleichen Kern. Der Mensch kann auf dem siebenstufigen Erkenntnispfad der T. zur Göttlichkeit aufsteigen. Die so genannten „aufgestiegenen Meister" haben diesen Weg angeblich bereits durchlaufen und wirken jetzt „von oben" auf die Geschehnisse der Welt ein. Viele Theosophen beanspruchen, mit den aufgestiegenen Meistern der „großen weißen Bruderschaft" Verbindung zu haben. Die T. ist der Ursprung zahlreicher heutiger okkulter, spiritualistischer und UFOistischer Kulte.

UFO-Glaube: Eine spezielle Form des Okkultismus in unserem technischen Zeitalter ist der UFO-Glaube, in dem sich die Suche nach einem Jenseits in Form esoterischer Science Fiction ausdrückt. UFO steht für „unbekanntes Flugobjekt", die Anhänger sind davon überzeugt, dass die Welt von Raumschiffen Außerirdischer besucht wird und dass viele Menschen bereits mit ihnen Verbindung haben. Man kann eine eher an technischen Ideen orientierte Ufologie von einem UFO-Spiritismus unterscheiden, der auf Channeling (s.d.) setzt und sich die UFOs als feinstoffliche Phänomene vorstellt.

Voodoo: Das Wort stammt aus der Sprache der Ewe in Westafrika und bedeutet „Schutzgeist". Ursprünglich handelt es sich um einen archaischen Geister- und Götterkult der Yoruba-Religion, der durch den Sklavenhandel nach Lateinamerika kam und sich dort mit christlichen Vorstellungen vermischte. Durch die Voodoo-Rituale soll eine Verbindung zu Göttern entstehen, und durch Schadzauber aller Art sollen Gegner vernichtet werden. Die angebliche Möglichkeit, Tote als wandelnde Leichen wieder zu beleben, sowie die Praxis, Zauber über so genannte Voodoo-Puppen zu wirken, hat das V. bekannt gemacht. In Haiti ist V. mit einer Anhängerschaft von ca. 90% die vorherrschende Religion, in Brasilien nahmen die afrobrasilianischen Kulte Candomblé und Macumba neben anderen Elemente des V. auf.

Anhang

Literaturhinweise

Bachter, Stephan: Der Zauber der kleinen Leute – kulturwissenschaftliche Anmerkungen zu Magie, Aberglauben und Aufklärung. In: Bischöfliches Seelsorgeamt Augsburg (Hg.): „Aber-Glaube" zwischen Faszination und Versuchung!? Augsburg 2001, S.96-108.

Barz, Heiner: Arbeitsordner „Was Jugendlichen heilig ist!?" – Prävention im Bereich Sinnfragen, Patchwork-Religion, Heilsversprechen, Okkultismus. Freiburg i.Br. 1998.

Becker, Thomas, Bienemann, Georg: Zu Risiken und Nebenwirkungen fragen Sie... Esoterische Angebote in der Bildungsarbeit, Hamm 2000.

Bienemann, Georg: Pendel, Tisch & Totenglaube – Spiritismus und christlicher Glaube. Freiburg i.Br. 1994.

Bienemann, Georg: Gefahren auf dem Psychomarkt – was bedeutet Prävention? Münster 1997.

Biewald, Roland: Okkultismus – Satanismus – Arbeitshilfe, Leipzig 2000.

Christiansen, Ingolf: Satanismus. Gütersloh 2000.

Christiansen, Ingolf, Zinser, Hartmut: Okkultismus und Satanismus. Freie und Hansestadt Hamburg – Behörde für Inneres, Eiffestr. 664, 20537 Hamburg (Hg.), Hamburg 2001.

Enquete-Kommission des 13. Deutschen Bundestages „Sogenannte Sekten und Psychogruppen", Endbericht: Neue religiöse und ideologische Gemeinschaften und Psychogruppen in der Bundesrepublik Deutschland. Deutscher Bundestag (Hg.) 1998a (Zur Sache 98/5).

Enquete-Kommission des 13. Deutschen Bundestages „Sogenannte Sekten und Psychogruppen" (Hg.): Neue religiöse und ideologische Gemeinschaften und Psychogruppen – Forschungsprojekte und Gutachten der Enquete-Kommission „Sogenannte Sekten und Psychogruppen", Hamm.

Evangelische Zentralstelle für Weltanschauungsfragen (EZW) (Hg.): Panorama der neuen Religiosität. Gütersloh 2001.

Hemminger, Hansjörg, Harder, Bernd: Aberglaube. Gütersloh 2000.

Hemminger, Hansjörg, Harder, Bernd: Seher, Schwärmer, Bibeldeuter, Gütersloh 2001.

Hemminger, Hansjörg, Keden, Joachim: Seele aus zweiter Hand. Stuttgart 1995.

Kaufmann, Hans Bernhard: Pädagogik unterwegs zur Normalität – zuversichtlich leben und erziehen. Neukirchen-Vluyn 1996.

Offensive Junger Christen (OJC): Themenheft „Fantasy" der Zeitschrift „Salzkorn" 1/2002 (Postfach 1220, D-64382 Reichelsheim).

Petri, Horst: Frisst der Bildschirm unsere Kinder? Mut 12/2001, S. 6-11.

Ruppert, Hans-Jürgen: Theosophie – unterwegs zum okkulten Übermenschen. Konstanz 1993.

Vorst, Claudia: Von Zauberlehrlingen und Gameboys. Materialdienst der EZW 5/2001, S. 145-160.

Anhang

Weitere Materialien auf den Web-Seiten

→ des Autors http://www.gemeindedienst.de/weltanschauung

→ der Evangelische Zentralstelle für Weltanschauungsfragen (EZW), eine Einrichtung der Evangelischen Kirche in Deutschland (EKD): http://www.ezw-berlin.de

→ von Wilfried Müller, mit Suchmaschine und umfangreicher Adressenliste http://www.religio.de

→ der Katholischen Sozialethischen Arbeitsstelle e.V., Ostenallee 80, 59006 Hamm, Tel.: 02381/98020 0 Fax: 02381/98020 99; http://www.ksa-hamm.de

→ der Evangelischen Informationsstelle Kirchen-Sekten-Religionen des Kantons Zürich http://www.relinfo.ch

→ der AGPF-Aktion für Geistige und Psychische Freiheit e.V., ein Dachverband von Selbsthilfe- und Betroffenengruppen: http://www.agpf.de

Die Texte und Darstellungen in den aufgeführten Links beschreiben – mit wenigen Ausnahmen – die Phänomene aus der Außensicht und einer gewissen Distanz. Der Inhalt wird von den jeweiligen Webmastern verantwortet und wird vom Autor dieses Buches nicht überprüft oder gar verantwortet.

Claudia und David Arp

Und plötzlich sind sie 13

oder:
Die Kunst,
einen Kaktus zu umarmen

208 Seiten
Paperback
25. Auflage
ISBN 3-7655-1070-X

„Die Pubertät ist eine Phase, in der Kinder mit niemandem in der Familie etwas zu tun haben wollen, in einem Chaos hausen, das sie ‚mein Zimmer' nennen, und nur dreimal am Tag auftauchen, um etwas Eßbares hinunterzuschlingen und die Familie anzuknurren." Claudia und David Arp

Jugendliche zwischen dreizehn und sechzehn sind in der Regel so ausgeglichen wie ein Jojo und so zugänglich wie ein Wüstenkaktus.
Was können Eltern tun, um in dieser konfliktreichen Phase die Verbindung zu ihren Kindern aufrechtzuerhalten?
Viele praktische Beispiele aus dem Erfahrungsschatz bewährter Mütter und Väter verdeutlichen, wie diese Grundsätze im Alltag angewandt werden können.

BRUNNEN VERLAG GIESSEN

Bernd Harder

Die Sterne lügen nicht – sie schweigen

67 entzauberte Esoterik-Mythen

160 Seiten
Taschenbuch
ISBN 3-7655-3778-0

Welche sachlichen Argumente kann man gegen Esoterik, Aberglauben, Okkultismus und Paranormales anführen? Gibt es wissenschaftliche Erkenntnisse dazu? Welche Tests wurden durchgeführt, um bloße Behauptungen von Tatsachen zu unterscheiden? Und was sagt die Bibel? Ein informatives Buch, das seriöse Antworten auf oft gestellte Fragen gibt.

BRUNNEN VERLAG GIESSEN